Gundl Kutschera
Sich wieder **neu** begehren

Gundl Kutschera

Sich wieder neu begehren

Neuer Schwung für Ihre Partnerschaft

Kösel

© 2003 by Kösel-Verlag GmbH & Co., München
Printed in Germany. Alle Rechte vorbehalten
Druck und Bindung: Pustet, Regensburg
Umschlag: Kaselow Design, München
Umschlagfoto: IFA/IT-TPL
ISBN 3-466-30631-0

Gedruckt auf umweltfreundlich hergestelltem Werkdruckpapier
(säurefrei und chlorfrei gebleicht)

Inhalt

Vorwort...............................	7
Einführung............................	9
Wenn wir das Wort »Sehnsucht« hören...........	13
Die fünf Rollen als Basis für Liebe, Respekt und eine erfüllte Partnerschaft..............	17
Ein einziges Durcheinander....................	17
Das Modell der fünf Rollen.................	23
1. Rolle: »Individuum« – Resonanz in mir..........	33
2. Rolle: »Frau/Mann« – Als Frau oder Mann in Resonanz sein........................	42
3. Rolle: »Hierarchie« – Resonanz in den übernommenen Aufgabenbereichen...........	50
4. Rolle: »Gleiche Ebene« – Resonanz im Miteinander-Sein und Miteinander-Tun............	63
5. Rolle: »Umfeld« – Resonanz mit dem Umfeld außerhalb der Partnerschaft.............	69

Alte Rollen – neue Rollen 75
    Wir haben »alles«, aber es fehlt uns trotzdem
    »etwas«... 83
    Übungen zur Neudefinition...................... 86

Welche Liebe gehört in welche Zeit? –
Lebenszyklen und Beziehung................ 97

Gleichwertige Beziehungen.................. 115
    Was ist Ihnen Ihre Beziehung wert?............. 121
    Zwei Herzen in einer Brust 127

Die Macht der Gedanken..................... 133

Streiten kann man lernen 141
    Anders sein ist Reichtum 141
    Jedes Verhalten hat eine positive Absicht......... 152

Mit allen Sinnen lieben und im Augenblick
leben 155

Rituale beleben Ihre Partnerschaft 169

Jede Partnerschaft ist anders –
Ihre ist besonders!......................... 179

Abschließende Bemerkung.................. 185

Literatur................................... 187

Vorwort

Manchmal könnte man fast meinen, wir gehen der größten Illusion des Abendlandes auf den Leim, indem wir glauben, Mann und Frau gehören in ewiger Liebe und Leidenschaft zusammen. Mehr als die Hälfte aller Partnerschaften, legitimierte und nicht legitimierte, geht innerhalb der ersten sieben Jahre auseinander, das Vertrauen auf eine Partnerschaft im Sinne von »Bis dass der Tod euch scheidet« schwindet dabei dahin.

Warum sind nur die tragischen Liebesgeschichten wie *Romeo und Julia* oder *West Side Story* Welterfolge? Weil die Liebespaare keinen Alltag miteinander verbringen. Am Höhepunkt der großen Liebe enden sie abrupt, und wir Zuschauer spinnen die Geschichte weiter mit diesem hochromantischen Gefühl – und wenn sie nicht gestorben sind, so brennt ihre Liebe noch heute.

Sind unsere Erwartungen zu hoch? Heißt das, wir sollen gar nicht mehr auf die große Liebe hoffen, weil sie nur wieder enttäuscht werden kann? Oder lieber gleich Zweckgemeinschaften gründen, die auf klaren rechtlichen und persönlichen Vereinbarungen beruhen, Single bleiben oder LebensabschnittsparterInnen wählen? Die Sehnsucht nach der großen Liebe, dem großen Glück bleibt.

Ihr Zauberer und Hexen! Gibt es keinen Liebestrank auf der Welt, der uns verzaubert, der diesen Funken der Liebe in uns entzündet und brennen lässt? Es gibt keine Zauberer und Hexen mehr, weil wir den Glauben an unsere eigene Zauberkraft verloren haben. Weil wir wie Dornröschen darauf warten, wachgeküsst zu werden, oder weil wir wie der draufgängerische Prinz kämpfen und kämpfen und nicht bemerken, dass längst keine Dornen mehr da sind.

Wir können uns wieder erinnern an diese Magie der Liebe und mit dieser Magie uns selbst und den Partner oder die Partnerin täglich aufs Neue verzaubern. Und dann werden Wochen zu Monaten und Monate zu Jahren, und ehe man sich's versieht, hat man ein ganzes Leben miteinander verbracht.

Dies ist ein Praxisbuch mit Erkenntnissen und Übungen aus der Forschungs- und Trainingsarbeit. Es zeigt, wie es Paaren gelungen ist, langjährige, alltägliche und glückliche Partnerschaften durch Höhen und Tiefen zu leben.

Ich war in meinen Augen ein fast hoffnungsloser Fall. Es fand sich trotz großer Sehnsucht kein passender Lebenspartner. Ich befürchtete schon, dass er erst geboren werden müsste. Und dann geschah es doch, das Wunder. Nach vierjähriger Entdeckungsreise war ich bereit, mich wirklich einzulassen, mein Herz zu öffnen, und siehe da – seit nunmehr sechs Jahren sind wir gemeinsam unterwegs, durch dick und dünn. Trotz der Sicherheit, einander gefunden zu haben, erleben wir uns im ständigen Wandel immer wieder neu, finden dazu die gemeinsamen Ziele, definieren die dazugehörenden Rollen und füllen diese mit Leben und Lachen im Alltag. Das ist unsere Art von Beziehungskiste: jedes Mal anders, aufregend und aktuell.

»Love lifts us up where we belong« – Die Liebe erhebt uns dorthin, wo wir hingehören. Zu dieser Reise lädt dieses Buch ein – und dabei wünsche ich viel Vergnügen!

Klaudia Granich, als Frau und Mutter
Seminarteilnehmerin bei Dr. Gundl Kutschera

Einführung

*Sie kannten einander seit Jahren
Und sie kannten einander gut ...*

So beginnt ein bekanntes Gedicht von Erich Kästner. Es vermittelt uns das seltsam traurige Bild eines Paares, das sich zwar vertraut ist, aber keine Liebesspannung mehr lebt. Tatsache ist, dass vielen Menschen genau dieser Beziehungs-(Not)Zustand jeden Tag aufs Neue begegnet. Egal, wie alt sie sind, ob 25, 35 oder 55 Jahre. Die Partner kennen einander seit Jahren – und gut. So gut, dass das Kribbeln im Bauch verloren gegangen ist. Dass sich die Rollen von Mann und Frau, von

Liebe ist ein Wunder.

Geliebtem und Geliebter wie zu Vater und Mutter oder Bruder und Schwester verschoben haben. Es ist einfach passiert, keiner hat es so gewollt. Dann suchen wir die vermisste Spannung in Außenbeziehungen oder in der Arbeit, in der Erfüllung der Kindererziehung. Doch leise Wehmut macht sich breit, sitzen wir dem Partner am Abendbrottisch wieder gegenüber: »Schatz, wie war dein Tag?«

War da nicht mal ein Pulsieren, ein Aufgeregtsein, die Lust auf Sexualität und Erotik? Nächte, die durchdiskutiert wurden, Abende am Strand, Liebe im Wald? Die Achterbahnfahrt der Gefühle hat sich in die Fahrt mit einer Nostalgieeisenbahn verwandelt. Aber etwas in uns protestiert und fühlt sich zu jung für diese Art von Romantik.

Was verlorenen gegangen ist, muss nicht für immer weg sein. Verloren bedeutet: Wir haben etwas einmal besessen und es ist uns abhanden gekommen. Wenn wir losgehen, uns auf die Suche begeben, haben wir nicht nur sehr gute Chancen, wieder fündig zu werden, sondern vielleicht bekommen wir noch etwas hinzugeschenkt. Möglicherweise hat sich unser Partner verändert und neue Seiten gewonnen, die wir durch eine Art von »Betriebsblindheit« nicht sehen. Oder wir selbst haben uns neue Verhaltensweisen zugelegt, die uns nicht bewusst sind. Wollen wir sie kennen lernen? Behalten? Verändern? Ablegen?

Liebe ist ein Wunder.
Wenn wir uns erlauben, daran zu glauben, können wir es täglich finden.

Dieses Buch erzählt genau davon: vom alltäglichen Wunder, vom wunderbaren Alltag. Davon, wie es möglich ist, dass wir uns immer wieder freuen, uns getroffen zu haben. Wie wir vor jeder Begegnung immer noch das Kribbeln füreinander spüren und in den verschiedenen Lebensabschnitten Erotik und Lebensfreude miteinander genießen können.

Als ich 40 Jahre alt war, also vor 20 Jahren, kamen Freunde und Bekannte und sagten: »Eigentlich habe ich alles, ein Auto, eine Wohnung oder ein Haus, einen Partner, Kinder, Arbeit, und doch fehlt mir etwas.« Sie beklagten sich, dass immer dann, wenn sie dies jemandem sagten, sie als undankbar abgeurteilt wurden, oder: »Du kannst einfach nicht zufrieden sein.«

Nach langem Suchen habe ich fünf Rollen identifiziert, die in einer Beziehung gelebt werden sollten. Werden sie nicht gelebt, haben wir das Gefühl, es fehle etwas. Mit jeder Rolle sind bestimmte Gefühle, Regeln und Verhaltensweisen verbunden, die jeder für sich entdecken kann. Werden diese fünf Rollen gelebt, haben wir das Gefühl, unsere Beziehung ist in Ordnung, voll und ganz. Die Rollen bieten eine Struktur, die jeder mit alldem füllt, was bereits an Weisheit, Wissen und Fähigkeiten vorhanden ist.

Partnerbeziehung und Kindererziehung dürfen »probiert« werden. Die Scheidungszahlen und die Anzahl der schwierigen Kinder zeigen uns, wo das hinführt.

Würden Sie jemanden Ihre Buchhaltung machen lassen, wenn er das nicht gelernt hat? Nur in Ehen geht man zum Standesamt, sagt ja, bekommt eine Urkunde und ist ab sofort sozusagen Spezialist für Partnerschaft und Kindererziehung.

Stellen Sie sich vor, Sie wollen Skifahren lernen, kaufen sich alles, was dazugehört, stellen sich oben auf einen Berg und wollen elegant den Berg hinunterfahren. Oder Sie wollen Klavier spielen: Sie kaufen ein Klavier und spielen am nächsten Tag ein Konzert. Niemand würde das glauben oder tun, nur in Beziehungen glauben wir, es geht ohne Lernen, ohne tägliches Üben, ohne Richtlinien. Untersucht wurde bisher hauptsächlich, was »kranke« Kommunikation ist. Ich versuche mit meinem Team seit 20 Jahren herauszufinden, wie gesunde, erfolgreiche Kommunikation und ein fröhliches, gleichwertiges Miteinander sein können.

> **Gesunde Kommunikation ist lehr- und lernbar.**

Viele fragen sich: »Unsere Beziehung war doch gut, warum ging's schief?« Wenn wir passende »Werkzeuge« hätten, könnten wir uns in unseren Partnerschaften diese Frage selbst beantworten. Unsere Zeit bietet aber keine klaren Vorstellungen, wie eine gleichwertige Partnerschaft gelebt werden kann. Es gibt keine eindeutige Richtung, in die wir uns bewegen können, und die Sinnfrage ist schwer zu beantworten.

Mit diesem Buch biete ich ein Lernprogramm an, in dem auf der einen Seite jeder seine *eigenen* Antworten auf die Sinnfrage finden kann, andererseits einfache Übungen und »Werkzeuge« darin enthalten sind, die jedem Paar helfen herauszufinden, wie Glück, gleichwertige Beziehungen und demokratisches Miteinander individuell gelebt werden können.

Ich glaube, dass jeder Mensch tiefe Sehnsüchte in sich trägt, von denen er nicht weiß, wie er sie zum Leben erwecken kann. Wenn wir unsicher sind und nicht wissen, wie wir unsere Gefühle und Sehnsüchte mitteilen können, wollen wir diese Unsicherheit verstecken und zeigen zum Teil merkwürdige Verhaltensweisen. Einige Menschen ziehen sich zurück, andere werden sauer, wieder andere nörgeln und nochmals andere werden hilflos und vielleicht sogar krank. Bildlich gesprochen: Wir legen jedes Mal Ketten um unsere Bedürfnisse und sind als Erwachsene innerlich oft wie gefesselt.

> **Wir geben ein Verhalten erst auf, wenn wir ein besseres gefunden haben.**

Es macht wenig Sinn, dieses »Zudeckverhalten« zu analysieren, Schuldfragen und Ähnliches aufzudecken, sondern es ist an der Zeit, diese tiefen inneren Sehnsüchte zu entdecken und zu lernen, wie wir sie leben können.

So wie alles in der Natur hat auch jeder Mensch eine natürliche Eigenschwingung – Resonanz –, die oft schon in der Kindheit verloren geht, wenn wir nicht so sein können, wie wir wollen. Diese Balance von eigenen Bedürfnissen und vorgegebenen Regeln klappt nicht immer so, wie wir uns das wünschen. Viele Kulturen geben vor, wie ein Miteinander zu sein hat. Es waren aber immer Patriarchate oder Matriarchate, das heißt, entweder haben die Männer oder die Frauen die Regeln bestimmt. Gleichwertiges Miteinander ist neu zu entdecken und neu zu definieren. Es ist die Chance unserer Zeit.

Dieses Buch zeigt, wie wir unsere Resonanz wiedergewinnen können und wie wir diese mit anderen leben können. Dann können wir frei und miteinander sein, frei und verbunden und uns frei und geborgen fühlen. Das Buch möchte Ihnen helfen, mit Hilfe der vorgestellten fünf Rollen die eigenen Ziele einzeln oder als Paar neu zu definieren und langsam zu entdecken, wie ein gleichwertiges Miteinander in Respekt, Liebe und Achtung aussehen kann. Es hilft Ihnen, Ihre eigenen, neuen Vorstellungen herauszufinden, wie die neuen Männer und Frauen, Mütter und Väter sein können und wie sie miteinander leben wollen.

Wenn wir das Wort »Sehnsucht« hören

Bei »Sehnsucht« durchfließt ein wohlig-schauriges Gefühl unsere Adern und wir spüren einen Ruf in unserem Inneren, der uns auffordert, etwas in unserem Leben zu verändern oder zu erneuern. Wir bekommen das drängende Bedürfnis, einen Schritt weiterzugehen in unserem Leben.

Die Sehnsucht fordert uns auf. Sie will, jammert, weint, klagt oder zeigt mit ihrem Finger auf etwas, das sie unbedingt braucht, damit sie gestillt wird. Die Werbung kennt diese Sehnsucht und benutzt sie für ihre verschiedenen Produktangebote. Wir lassen uns verführen und glauben, dass die Sehnsucht

- eine neue Liebe,
- einen anderen Mann,
- eine andere Frau,
- ein Auto,

- eine neue Wohnung,
- eine Reise in den Süden,
- eine neue Arbeit

will. Ach, denken wir, könnte ich doch nur in den Süden fahren, dann wäre mir gleich wieder freier und jugendlicher ums Herz. Oder wir betrachten unseren Partner und können uns nicht vorstellen, mit ihm noch einmal die Spannung zu leben, die eine neue Beziehung mit sich bringt. Nur mit einer neuen Liebe, so meinen wir, ist diese wunderbare Aufregung wieder möglich. Es zerreißt uns fast das Herz vor lauter Sehnsucht nach diesem Gefühl. Oder wir glauben, dass wir mit dem neuen Auto, das wir uns ersehnen, endlich zeigen können, dass etwas »in uns« steckt.

Die Sehnsucht ist verführerisch, denn sie lockt uns ans Fenster und unseren Blick nach draußen. Da draußen, so scheint es uns, liegt all das, was unsere Sehnsucht will. Und dann haben wir endlich das, nach dem wir uns so sehnen, dann wird alles gut und unser Leben wird wieder rund und zufrieden sein. Wir werden dann alles haben, denken wir, was uns zu unserem Glück fehlt. »Wenn ich das geschafft habe«, ermutigen wir uns selbst, »dann werde ich richtig leben!«

Erstaunt stellen wir jedoch nach einer gewissen Zeit fest, dass sich die Sehnsucht wieder meldet. Sie nörgelt an dem herum, was wir doch gerade erreicht haben. Sie hat neuen Hunger: wieder ein neuer Partner, ein neues Auto, wieder eine Reise ... und irgendwann klingt ihre Stimme erneut fordernd in uns drin. Was ist da los? Ist denn die Sehnsucht niemals still? Können wir nicht einfach zufrieden sein mit dem, was uns das Leben, was uns die Liebe schenkt?

Wenn die Sehnsucht mit uns spricht, übersetzen wir ihre Sprache oft in eine sehr äußere, materielle Form. So haben wir es gelernt. Die wenigsten Menschen wurden gelehrt, hinter die Fassade ihrer Sehnsüchte zu blicken. Wenn wir die oben genannten Beispiele noch einmal betrachten, erkennen wir zumindest auf den zweiten Blick, dass es dabei nicht um einen neuen Partner geht, nicht um ein Auto oder den Süden. Die Sehnsucht will Achtsamkeit und Würdigung, Liebe und Spannung und das Gefühl von Vitalität und Hingabe an das Leben. Es geht also um einen *inneren* Zustand, um ein Gefühl von

> Was will die Sehnsucht wirklich?

- wohliger Zufriedenheit,
- eins sein mit sich (ich nenne dies »innere Resonanz«),
- Glück,
- Zutrauen in die eigene Kraft und Fähigkeit,
- Spiritualität,
- Liebe

und vielem mehr. Sie kennen dieses Gefühl sehr gut und haben es häufig bereits erlebt: in besonderen Augenblicken in der Natur, in einem Konzert, im fröhlichen Miteinander oder in der kreativen Selbstvergessenheit. Jeder Mensch trägt in sich die Erfahrung wenigstens eines Moments dieser Art. Es ist eine ganz bestimmte Schwingung, die jeder in sich hat und die ganz individuell ist. Sie ist oft verschüttet, meldet sich aber immer wieder. Ich nenne diesen besonderen Zustand, dieses Gefühl »Resonanz« und

> Die schönsten Dinge, die wir erleben können, sind ohne Geld möglich!

»innere Quelle«. Können wir uns in diesen Zustand versetzen, haben wir alles, was wir brauchen, um in uns zu spüren und zu lauschen, wie wir unsere wirkliche Sehnsucht stillen können. In der Regel braucht es dafür keinen »dicken Geldbeutel«, sondern nur den Mut, diese Sehnsucht zu leben.

Wenn die Sehnsucht in Ihnen anklopft, ist es also gut, lieber zweimal nachzufragen, damit Sie wissen, was sie meint, wenn sie einen »teuren Mantel« will. Es geht um das *Gefühl*, das der

Mantel vermitteln soll. Es ist oft wie eine Sucht, wir wollen mehr und mehr kaufen und finden doch nicht, was wir suchen.

Dieses Buch beschäftigt sich mit der Sehnsucht nach einer »jungen Partnerschaft«. Wir wollen uns mit neugierigen und liebevollen Augen betrachten, egal, ob wir nur ein paar Monate oder schon seit 20 Jahren zusammenleben. Auch wenn wir verschiedene große Reisen, Umzüge, Kinder und anderes bereits hinter uns haben: Die Sehnsucht meldet sich immer wieder erneut zurück. Vielleicht war sie manchmal ein bisschen leiser, vielleicht manchmal ein wenig zu laut. Nun haben Sie dieses Buch in Händen und ich werde Sie auf dem Weg begleiten, diese Liebesqualität wieder zu entdecken. Das ist sehr spannend und sicherlich werden allein bei dem Gedanken daran sofort viele »Sehnsüchte« in Ihnen wach. Sagen Sie diesen Gefühlen, dass wir uns um sie kümmern werden. Es ist eine Vielfalt von Gefühlen, Rollen und Regeln, die unsere Persönlichkeit und unsere Beziehung ausmachen.

Sie haben Gelegenheit, anhand der aufgezeigten fünf Rollen in sich hineinzuspüren und neue oder verschüttete Sehnsüchte und Verhaltensweisen zu entdecken und wieder zu beleben. Erst wenn wir wissen, wie wir uns wann auf welche Weise verhalten, können wir der Sehnsucht genau zuhören und sie befriedigen.

Der »Zauber«, auf den Sie hoffen, wird durch neue Klarheit, durch Neugier und neues Lernen in Ihr Leben treten. Vielleicht haben Sie Lust, das Buch gemeinsam mit Ihrem Partner zu lesen, um die neuen Erkenntnisse und vorgeschlagenen Übungen gemeinsam sofort in Ihren Beziehungsalltag zu integrieren. Das Buch kann Ihnen danach eine Begleitung sein, indem Sie es immer mal wieder aufschlagen, um sich zu erinnern, und es kann vielleicht auch andere Menschen in Ihrem Umkreis dazu animieren, ihren Sehnsüchten auf eine neue, produktive Weise zu begegnen.

Machen wir uns auf den Weg! Wir haben alles in uns. Die Schatzsuche kann beginnen.

Die fünf Rollen als Basis für Liebe, Respekt und eine erfüllte Partnerschaft

Ein einziges Durcheinander

»Ich war ihm Partnerin, Geliebte, Mutter, Schwester, Arbeitskollegin und manchmal auch das Kind, das wir nicht hatten«, erzählt Bettina, 38 Jahre alt, und versucht zu begreifen, warum trotz all der Vielfalt, die sie sich bemühte, in die Beziehung einzubringen, der knisternde Funke, die Liebe, abhanden gekommen sind. Seit vielen Monaten haben Bettina und ihr Mann nicht mehr miteinander geschlafen. Sie haben es nicht mal vermisst. Der Sex schlüpfte eher unbemerkt für beide aus der Tür und heute ist von diesem Verlust nichts anderes als ein Art von innerem mürbem Ärger zurückgeblieben.

Bettina versuchte ihrem Mann »alles« zu sein und mit dieser Erkenntnis weiß sie bereits mehr als mancher andere Beziehungspartner: Wir leben viele Rollen. Der Alltag, der Beruf und das Privatleben fordern von uns viele verschiedene Gesichter. Wir sind uns dessen bewusst. Was wir oft nicht wissen: Wir spielen nicht nur viele Rollen, sondern wir *sind* diese Rollen, denn wir tragen sie als Muster in uns. In dem Moment, in dem Bettina die Geliebte »gab«, war sie erotisch und sexy. Dann, wenn sie mütterliche Züge zeigte, wurde sie auch innerlich ganz weich und wärmend. Als engagierte Frau war sie durch und durch Mut und Selbstbewusstsein.

Jeder von uns weiß um die verschiedenen Rollenmomente und die Gefühle, die damit verbunden sind. Häufig ist es jedoch so, dass wir nicht genau wissen, wann wir welche Rolle leben und spielen, wie lange die jeweilige Rolle im Vordergrund steht, ob wir diese Rolle in diesem Moment auch tatsächlich ausfüllen wollen, ob sie passt und wie wir sie in ihrem Ausdruck definieren.

Um ein Beispiel zu nennen:

Abends erzählt Bettina ihrer sechsjährigen Tochter für gewöhnlich noch ein Märchen. Sie setzt sich zu ihrem Kind ans Bett und wenn sie die Kleine dann später auf die Stirn küsst, ist sie ganz in der Rolle der Mutter. Sie empfindet ein tiefes Liebes- und Glücksgefühl, wenn sie ihr Kind betrachtet, spürt die Verantwortung, die Wünsche, die sie für es hegt. Sie ist Mutter ganz und gar. Im Kinderzimmer ist diese Rolle auch am rechten Platz.

Problematisch wird das Ganze, wenn Bettina nun zu ihrem Mann ins Schlafzimmer geht und diese Rolle noch immer in sich trägt. Es könnte ihr dann passieren, dass sie ihren Mann fragt, ob er schon weiß, was er am nächsten Tag anziehen will, oder ob sie etwas für ihn rauslegen soll. Vielleicht erkundigt sie sich sogar, ob er noch duschen möchte. Eigentlich sollte (wollte?!) Bettina im Schlafzimmer mit ihrem Mann nur »Frau« sein und nicht »Mutter«.

Man hat uns leider nicht gelehrt, die verschiedenen Rollen zu erkennen, zu definieren und auseinander zu halten. Im Ge-

genteil, wir lernten von unseren Eltern ein Rollen-Durcheinander. Wir hatten vielleicht Väter, die daheim zu Kindern wurden, oder Mütter, die die verschiedenen Rollen einsetzten, um ihren Willen »durchzudrücken«. Es gibt auch heute kein Fach in der Schule, dass uns auf die verschiedenen Rollen vorbereitet. Und so kommt es, dass Mann und Frau anfangen, sich »Vati« und »Mutti« zu rufen, und gleichzeitig fragen, wo bloß die Sinnlichkeit in ihrer Beziehung geblieben ist.

Kann sein, dass Sie dies alles gut kennen. Dann sitzen Sie Ihrem Partner gegenüber oder lehnen sich sogar kuschelig an ihn an und fragen sich dennoch immer häufiger, wo nur die großen, lebendigen Gefühle hingewandert sind. Wo sind die Romantik und das Begehren, wollen Sie wissen und sehnen sich verzweifelt nach Ihrer jungen Liebe von damals zurück, die ungestüm, neugierig und voller Reichtum war. Als ersten Trost will ich Ihnen sagen:

Nichts geht verloren! Alles, was an Gefühlen schon einmal da war, können wir wieder beleben.

Doch vorerst lassen Sie uns Klarheit schaffen:

Wir begegnen Menschen auf unterschiedlichste Weise. Wie wir uns in der Begegnung zeigen, hat etwas mit unseren äußeren und inneren Bedürfnissen zu tun. Zudem haben sich bestimmte Anforderungen, Rollenbilder in der Gesellschaft gebildet, die teilweise zwingend erscheinen und von denen wir obendrein nicht wissen, wie lange sie ihre Gültigkeit behalten werden.

Die Rollenbilder geben Regeln vor, wie bestimmte Rollen in unserer Gesellschaft gelebt werden. Das Rollenbild des Mannes verlangte lange Zeit Strategie und Strenge. Männer sollten nicht weinen, als Väter »hart, aber herzlich«, in ihrem Auftreten klar und ein wenig distanziert sein. Männer verschenkten zu Weihnachten Brillanten und keine selbst gestrickten Strümpfe. Den Frauen gab noch vor kurzem das weibliche Rollenbild vor, mit ihren Kindern und im Haushalt völlig zu erblühen. Dann kam die Frauenbewegung und mit ihr das Rollenbild der Selbstbestimmung. Heute versuchen Frauen den Spagat zwischen schmückendem Heimchen, aufgeklärter Mutter, Businessfrau und anziehender Partnerin.

Nicht nur die Gesellschaft, jeder Einzelne in ihr – also Sie und ich – hat sein eigenes Schnittmuster für den Inhalt, die Wirkung und die Gewichtung dieser Rollen definiert. Das läuft ganz nebenbei mit dem Erwachsenwerden und in den Gruppen, in denen wir uns befinden. So nebenbei, dass wir selbst gar keine Ahnung haben, wie unsere Muster geschaffen sind. Wie sie aussehen, gestaltet sind und ob uns das Kleid, das wir uns geschaffen haben, auch wirklich passt. Rollen-Kleider, die nicht passen, zwicken unter den Armen und sind am Bauch zu eng. Sie verärgern und deprimieren uns, aber wir wissen nicht, warum wir deprimiert oder verärgert sind.

Sind Sie schon ins Nachdenken gekommen? Vielleicht haben Sie schon angefangen zu überlegen, was es für Sie persönlich heißt, »Frau« beziehungsweise »Mann« zu sein, und ob Ihnen Ihr Rollen-Kleid tatsächlich passt. Ob es anschmiegsam ist wie ein teurer Stoff oder kaum zu spüren und einfach »passend«? Die Muster unseres Rollen-Kleides bestehen aus tausend Regeln, die wir uns teilweise selbst schaffen oder einfach übernehmen.

Wie Ihre Rollen-Regeln als Mann oder Frau heißen, finden Sie zum Beispiel heraus, indem Sie eine kleine Übung machen.

> Vervollständigen Sie mit Ihrem Partner folgende Sätze auf einem Blatt Papier:
> - »Ein/e Mann/Frau ist ...«
> - »Als Familie hat man ...«
> - »Ein/e gute/r Vater/Mutter muss ...«
> - »Ich bin ...«

Spannend ist es, wenn Sie Ihre Antworten mit denen Ihres Partners vergleichen und vielleicht überrascht sind, wie unterschiedlich sie sind.

Wie eng und starr wir diese Rollenbilder verstehen, wird von den Gedanken und Vorstellungen geprägt, die wir im Laufe unseres Lebens mit den verschiedenen Regeln verknüpft haben, beziehungsweise, wie wir andere Menschen, die wir als Modelle erlebten, nachahmten und deren Verhaltens- und Denkweisen damit – oft unbedacht – übernahmen. Mit den Rollen leben wir die Vorstellung unserer Gedanken. Diese sind aber veränderbar und durch neue, bessere Vorbilder in der Zukunft zu ersetzen. Nichts muss so bleiben, wie es ist, auch nicht Ihre Vorstellung von dem Leben, das Sie als Mann, Frau oder Paar leben wollen.

Die wesentlichen Bereiche, in denen Rollenbilder von Bedeutung sind, können wir zu einem »Fünf-Rollen-Modell« zusammenfassen. Wenn alle die in dem nachfolgenden Kapitel beschriebenen Rollen gelebt werden, haben die Partner das Gefühl von Verbunden- und Zufriedenheit. Fehlt eine Rolle über längere Zeit, entsteht hingegen das Gefühl einer »Lücke«. Ein Bedürfnis meldet sich, eine Sehnsucht rüttelt an unserer Tür. Etwas fehlt, selbst wenn Mann und Frau dieses Fehlen auf Anhieb vielleicht nicht genau benennen können.

Bevor ich auf die fünf wesentlichen Rollen in unserem Leben eingehe, möchte ich Sie dazu einladen, sich zu vergegenwärtigen, dass die Rollen an sich *nichts* mit uns machen. Die Rollenbilder sind neutral. Sie können sich diese vorstellen wie Sprechblasen, in denen kein Satz steht. Sie beginnen unser Verhalten erst ab dem Moment zu bestimmen, ab dem wir unsere Einstellungen, Erfahrungswerte, Regeln, Normen und Werte in ihnen wirken lassen. Wir geben den Rollen damit die Botschaft und Sprache, die sie leben. Manche haben die Botschaft und Sprache verloren oder vergessen.

Um zufrieden und mit sich in Harmonie zu leben, sollten in einer Beziehung diese fünf Rollen gelebt werden. Je klarer wir die verschiedenen Rollen erkennen, je bewusster wir sie leben, sie definieren und voneinander abgrenzen können, desto freier können wir uns bewegen. Wir werden sicherer. Genau diese Sicherheit macht es uns aber möglich, mit unserem Partner nicht nur einfach Beziehung zu leben, sondern diese auch dynamisch, anziehend und jung zu erhalten – unser Leben ist reich, wenn wir eine Vielfalt von Gefühlen und Rollen leben.

Das Modell der fünf Rollen

Unser Leben, unser Verhalten, wie wir auf andere zugehen, wie wir mit uns selbst umgehen, was wir von anderen, dem Leben und uns selbst erwarten, spiegelt sich in unserem ureigensten Rollenmuster wider. Nach und nach werden wir diese Rollen nun genau betrachten. Doch vorneweg ein kleiner Rollenüberblick mit vielen Fragen, die Sie neugierig darauf machen sollen, Antworten finden zu wollen!

1. Rolle: »Individuum« – Resonanz in mir

»**Wer bin ich in meiner natürlichen Eigenschwingung?**«

In dieser Rolle geht es um Sie selbst, um Ihre Gefühle, um Ihren inneren Frieden, um Ihre innere Freude ... Welchen Kontakt leben Sie mit sich selbst, mit Ihrer eigenen Seele? Welche Beziehung führen Sie mit sich selbst, wie viel Zeit beanspruchen Sie für sich selbst, welche Einstellung haben Sie über sich und Ihr Leben und welche Vorstellung lebt in Ihnen von sich selbst?

> **Individuum**

Finden Sie sich schön oder nörgeln Sie an sich herum? Mögen Sie Ihren Körper und können Sie genießen? Verwöhnen? Oder rattert in Ihrem Kopf eine Maschine, die Sie ständig an Unerledigtes, Dringendes, Erforderliches erinnert? Welches Verhalten resultiert daraus?

Leben Sie Resonanz in sich – sind Sie mit sich selbst im Einklang –, spüren Sie Ihre Bedürfnisse, können Sie sie äußern und die Erfüllung genießen oder fühlen Sie sich »zerrissen«? Wissen Sie, was Ihnen gut tut? Spüren Sie, wenn Sie »satt« sind, und bewegen Sie sich gerne in Ihrem Körper?

Leben wir Resonanz in uns und in unseren Beziehungen und Tätigkeitsbereichen, wird Unmögliches möglich: Wir fühlen uns frei und geborgen zugleich, frei und miteinander – wir sind angekommen, wir sind zu Hause.

Beispiel:
Karin genießt sehr die Zeit mit sich in ihrem Zimmer. Sie mag es, im Sessel zu sitzen und zu lesen. Am schönsten ist es, wenn ihr Partner dann um sie herum ist, ohne dass sie eigentlich in Kontakt sind. Karin mag einfach seine Anwesenheit – sie kommt auf diese Weise auch zu sich selbst. Wenn Peter, ihr Partner, zu sich kommen möchte, dann will er wirklich allein sein. Selbst die still vor sich hin lesende Karin stört in diesem Augenblick. Karin und Peter haben ein unterschiedliches Modell von »zu sich kommen, bei sich sein«. Karin findet dies in der stillen Zweisamkeit und Peter geht am liebsten allein joggen.

2. Rolle: »Frau/Mann« – Als Frau oder Mann in Resonanz sein

»Wer bin ich als Frau oder Mann?«

In dieser Rolle leben Sie die Beziehungen, Einstellungen, Vorstellungen und Verbindungen mit dem eigenen und dem anderen Geschlecht. Was ist Mann-Sein, was ist Frau-Sein? Auf welche Weise wird Liebe, Partnerschaft gelebt? Ist sexy sein und Lust ausleben für Sie eine schöne Vorstellung? Zeigen Sie sich gerne und werden Sie gerne gesehen? Fühlen Sie sich anziehend als Frau/Mann? Was denken Sie über Frauen und Männer? Wie haben sie zu sein? Wie sehen die Erwartungen aus? Welche Unterschiede sehen Sie in Verwöhnen, Versorgen und Erotik?

Frau/Mann

Wenn das Knistern, Flirten und die Erotik in den Beziehungen erhalten bliebe, wie viele Scheidungen gäbe es noch?

Beispiel:
Martina will sich als Frau begehrt und geliebt fühlen. Sie macht sich gerne schön und liebt es zu verführen. Markus, ihr Mann, entgegnet sehr gerne die Flirtereien seiner Frau, ist jedoch ein wenig zurückhaltender. Er liebt das Spiel und sieht darin nicht automatisch eine Aufforderung. Martina ist davon enttäuscht. Wenn sie flirtet, wünscht sie sich Sex. Flirt, Sex und Erotik sind jedoch nicht dasselbe! Flirt ist ein Spiel und Sex ist nur ein Teil von Erotik. Martina hat das noch nie so gesehen.

3. Rolle: »Hierarchie« – Resonanz in den übernommenen Aufgabenbereichen

»Wer bin ich in der Balance von Geben und Nehmen?«

Diese Rolle spiegelt die Fähigkeit, Verantwortung zu übernehmen oder abzugeben. Sie leben diese Rolle in der Arbeitsbeziehung, in der Eltern-Kind-Beziehung und nicht zuletzt auch in der Partnerschaft. Ob wir bereit sind, Verantwortung zu übernehmen oder abzugeben, zeigt sich in der Aufgabenteilung der Beziehung. Nicht beide Partner müssen alles machen, aber es ist schön, wenn sie sich aufeinander verlassen können und Klarheit in der Aufgabenverteilung besteht.

> Hierarchie

Wir bilden dadurch Vertrauen und gestalten den Alltag unserer Beziehung. Das Nehmen ist hier genauso wichtig wie das Geben. Häufig kann ein Partner gut geben und der andere gut nehmen. Hier kann die nichtgelebte Rolle gelernt werden.

Erst wenn beide Partner geben und nehmen können, ist diese Rolle in Balance.

Frieden wird dann möglich sein, wenn wir die Polaritäten, den Dualismus vereinen und Unterschiede zu Reichtum werden.

Beispiel:
Frank kommt nach Hause und beginnt sofort den Kühlschrank zu kontrollieren. Was fehlt, was muss eingekauft werden, welche Produkte sind abgelaufen? Petra fühlt sich dadurch nicht unterstützt, sondern bevormundet. Es liegt in ihrer Verantwortung, zu entscheiden, was gekocht wird und was sie für das Grillfest brauchen. Das Engagement von Frank empfindet Petra als »lehrerhaft« und sie ärgert sich darüber.

In einer Partnerschaft ist es wichtig, zu führen und sich führen zu lassen. Wir vertrauen uns dadurch dem anderen an und sorgen für das Wohl unserer Liebe. Wenn wir im Geben und Nehmen die Möglichkeiten und Grenzen unseres Partners nicht beachten, fühlt dieser sich sehr schnell nicht richtig verstanden oder nicht wertgeschätzt. Was möchten wir in die Beziehung einbringen? Wo übernehmen wir bewusst Verantwortung und wo geben wir sie ganz bewusst und unmissverständlich ab?

4. Rolle: »Gleiche Ebene« – Resonanz im Miteinander-Sein und Miteinander-Tun

»Wer bin ich, wenn ich lache, spiele und humorvoll bin?«

Hier geht es um Einstellungen und Vorstellungen im Rahmen von gleichberechtigten Verhältnissen. Es geht um Humor, Spaß, um neugieriges Entdecken und um gemeinsames Tun und Gestalten. Auch gemeinsames Genießen gehört hierher – einfach wie Kinder fröhlich sein und das Leben genießen.

Gleiche Ebene

In alten Kulturen heißt es: Wer sich die Kraft, Leichtigkeit, Neugierde und Freude des Kindes innerlich bewahrt hat und mit diesen Qualitäten Aufgaben übernimmt, ist ein ausgeglichener Erwachsener.

Beispiel:
Susanne und Thomas haben es geschafft! Nach einem gemeinsamen Strandurlaub wollen sie die spielerische Qualität ihrer Sommerliebe auch in ihrer Alltagsbeziehung bewahren. Sie planen deswegen feste Überraschungsabende, in denen ein Partner den anderen einlädt. Dabei geht es nicht um materielle Ge-

schenke, sondern um die Gestaltung der gemeinsamen Zeit. Seit Susanne und Thomas diese Partnerabende mit Neugier und Freude leben, hat sich die Qualität ihrer Beziehung unglaublich verbessert. Sie erleben in sich eine »kindliche« Freude, fühlen sich kreativ, gestalterisch, lachen viel und freuen sich über ihren Humor.

5. Rolle: »Umfeld« – Resonanz mit dem Umfeld außerhalb der Partnerschaft

»Wer bin ich im Mitgestalten meines Umfeldes?«

In diesem Bereich sind die Rollen wichtig, die in den Beziehungen, Einstellungen und Vorstellungen hinsichtlich der umgebenden »Welt« gelebt werden. Wie treten Sie als Paar in Ihrer Gemeinde auf, wie in Ihrer Familie, bei Verwandten, im Theater, in der Natur, im Verein, in der Gesellschaft? Wie viele und welche Freunde wollen Sie haben? Wie und wo wollen Sie diese treffen? Wollen Sie sich zu Hause treffen oder lieber weggehen?

| Umfeld |

Diese Fragen sind für Partner wichtig zu beantworten, weil durch unausgesprochene Unterschiede oft viel Schmerz entstehen kann.

Vielleicht finden wir wieder die Dorflinde, bei der sich alle treffen und ein Austausch und ein fröhliches Miteinander stattfinden können.

Beispiel:
Seit Otto und Janine verheiratet sind, ziehen sie sich immer mehr zurück. Sie haben ein Baby bekommen und pflegen da-

heim ihr Elternglück. Was anfänglich sehr aufregend und neu war, empfindet Janine mit den Monaten mehr und mehr als »fad«. Sie ist den ganzen Tag zu Hause und die Abende auch. Als Otto sie ermuntert, wieder ihren Hobbys nachzugehen, und beide wieder mehr auf Außenkontakte achten, entdecken sie sich auch in ihrer Liebe wieder neu.

Wir brauchen ein »Außen«, um das »Innen« zufrieden zu leben. Welche Freunde haben wir und welche Freude können wir in Außenkontakten leben?

Sie haben es beim Lesen und Nachdenken sicher schon bemerkt: Zu jeder Rolle gibt es verschiedene Kontexte, Anforderungen, Regeln und vielfältige Verhaltensmöglichkeiten. So verschieden die Möglichkeiten sind, so unterschiedlich werden sie von den verschiedenen Menschen gelebt. Je klarer wir die fünf Rollen für uns definieren, betrachten, respektieren und leben, desto offener gehen wir auf andere Menschen und unseren Partner zu.

Jede Rolle braucht ihren Platz und ihre Zeit.

Es ist nicht immer einfach, diese Rollen voneinander getrennt zu halten. Wann ist Hierarchie erwünscht und wann ist sie fehl am Platze? Mit zu viel »Spiel« können wir unserem Partner entsetzlich auf die Nerven gehen oder werden wir in unserer Männlich- oder Weiblichkeit nicht mehr von ihm ernst genommen.

Leben wir alle Rollen in unserer Beziehung, haben wir das Gefühl, angekommen zu sein. Dies ist nicht ein statischer Zustand, sondern das Wissen, dass sich die Rollen mit dem Lebenszyklus dauernd weiterverändern und sozusagen »mitwachsen«.

Übung: Klarheit durch Rollentrennung

Versuchen Sie Plätze in Ihrer Wohnung zu finden, die verschiedenen Rollen zuzuordnen sind:

- Finden Sie einen Platz, an dem Sie allein sein wollen.
- Finden Sie für »Kuscheln« einen bestimmten Platz, zum Beispiel das Bett, die Badewanne oder die Couch.
- Führen Sie Ihre Beziehungsgespräche an einem anderen Platz, zum Beispiel am Tisch oder auf einem bestimmten Waldweg.

Sind Sie »Mutter« oder »Vater«, beschenken und verwöhnen Sie sich mit massieren, tröstend oder fürsorglich den anderen in den Arm nehmen.

Genießen und miteinander fröhlich sein brauchen Platz und Zeit.

Entscheiden Sie sich für bestimmte soziale oder gesellschaftliche Aufgaben und Kontakte, die Ihnen Spaß machen.

Einordnungen wie diese helfen Ihnen und Ihrem Partner gerade am Anfang, die verschiedenen Rollen besser zu erkennen und zu leben.

Die fünf Rollen kennen zu lernen und für sich zu definieren zeigt, dass wir Verantwortung für unser Verhalten übernehmen. Wir »spielen« dann unsere Rollen so, wie sie uns und unseren PartnerInnen und anderen Familienmitgliedern gut tun, und sind nicht wie Marionetten, die gespielt werden.

Wir übernehmen die Macht zu entscheiden, wie wir welche Rollen leben möchten. Dies bedeutet, dass wir uns nicht mehr als Opfer oder Spielball des Lebens betrachten, sondern dass wir bewusst erfahren, auf welche Weise wir unsere augenblickliche Rolle leben.

Möglicherweise spielten Sie in einem Streit die Rolle der »klagenden Mutter« oder die des »nörgelnden Kindes«. Vielleicht wurde sogar in diesem Augenblick besserwisserisch gedacht: »Der ändert sich ja doch nie!«

> **Wie zeigen sich Rollen im täglichen Miteinander?**

Sie sehen, auch wenn Sie die fünf Rollen nun schon ein wenig kennen, müssen wir unsere Sinne schärfen, um alle Facetten darin zu sehen. Jede Rolle hat unendlich viele Ausdrücke in verschiedenen Situationen. Sie können in einem Partnerkonflikt beispielsweise

- wie ein Elternteil bestrafen,
- wie ein Elternteil verzeihen,
- wie ein Elternteil mit Liebesentzug drohen,
- wie ein Kind um Vergebung betteln,
- wie ein Vorgesetzter sich durchsetzen,
- wie ein Vorgesetzter vermitteln,
- wie in einem Team die Arbeit verteilen,
- wie ein Kind mit Humor andere Perspektiven aufzeigen
- oder wie ein Partner ins Gespräch gehen.

Um die Qualität unserer Beziehung und Partnerschaft zu verbessern, sollten wir also langsam vorgehen und uns diese Rollen nun noch genauer anschauen. Welche Rolle lebe ich bereits so, dass es mir gefällt, und welche lebe ich noch nicht? Jeder hat einige Rollen gelernt und einige nicht. Alles, was wir nicht gelernt haben, können wir dazulernen, um unser Leben reicher und erfüllter werden zu lassen.

Beantworten Sie schriftlich folgende Fragen:

- Wann und wo verletze ich mich selbst oder andere? Was fehlt mir in diesen Situationen?
- Welche Bereiche oder Rollen sind mir ganz fremd? Ich möchte da neue Vorstellungen entwickeln, um meine Möglichkeiten zu erweitern.
- Welche Fähigkeiten möchte ich ausbauen?
- Wo erkenne ich Blockaden, die mich hindern, so sein zu können, wie ich möchte?

Ihre Antworten werden Sie dafür sensibilisieren, sich die folgenden Rollenbeschreibungen genauer anzuschauen. Es ist, als würden Sie auf einmal mit neuen Augen oder durch eine neue Brille sehen. Suchen Sie in Ihrer Umgebung nach Menschen, die Sie selbst als klar erleben, und beobachten Sie, durch was es für Sie zu dieser Klarheit kommt. Welche neuen Symbole und Werte gibt es in Ihrem Leben? Welche Ressourcen und Fähigkeiten bringen Sie bereits mit? Loben Sie sich für das, was Sie schon können!

Nun werden wir die fünf Rollen ausführlich durchsprechen. Machen Sie sich Notizen, denn vielleicht kommen Ihnen beim Durchlesen Gedanken in den Sinn, die Sie gerne festhalten möchten und die Ihnen als Spurensuche wichtig sind, wenn es darum geht, Ihr neues Rollenkonzept zu entwerfen.

Das Angebot der fünf Rollen hilft Ihnen herauszufinden, was Sie »haben« und was Ihnen wirklich »fehlt«. Dabei handelt es sich, wie bereits erwähnt, in den seltensten Fällen um etwas Materielles, sondern vielmehr um Gefühle, Verhaltensweisen, um Rollen, die wir nicht gelernt haben. Wir haben wenig Austausch, wir wissen nicht, wie unsere Werte konkret aussehen, und uns fehlen das Gespräch mit anderen und das Wissen, wie wir daran etwas ändern können.

Das Rollenmodell hilft Ihnen herauszufinden, was Sie brauchen, damit Ansätze von Glück, Zufriedenheit und Lebensfreude Platz in Ihrem Leben finden. Es hilft Ihnen, das Gefühlschaos zu lichten und zu ordnen, und vielleicht können viele Schmerzen, die durch dieses Durcheinander entstanden sind, sich lösen und Ihre speziellen Schönheiten, Weisheiten und Einzigartigkeiten erblühen. Es ist wie eine Blumenwiese, auf der viele wunderbare Blumen blühen und ihren Platz haben.

1. Rolle: »Individuum« – Resonanz in mir

»Wer bin ich in meiner natürlichen Eigenschwingung?«

Jeder hat eine individuell eigene Schwingung, eine eigene Resonanz. Diese ist oft verschüttet worden, weil wir es immer wieder anderen recht machen wollten und nicht so sein konnten, wie wir wollten. Wir haben buchstäblich eine Mauer um uns errichtet und unsere eigene Frequenz, unser wahres Selbst, unsere Gefühle und damit unsere Persönlichkeit vor uns selbst versteckt.

Spüren wir diese Eigenschwingung, sind wir auch mit unserem Umfeld in Verbindung – wir fühlen uns frei und gemeinsam, frei und miteinander. Wir sind mit allen inneren und äußeren Kraftquellen in Kontakt. Nach diesem komplexen Gefühl und Zustand sehnen wir uns und wünschen uns, dieses Gefühl möglichst durchgängig in unseren Beziehungen und unseren Tätigkeiten zu leben. Am Ende des Lebens können wir dann auf ein erfülltes Leben zurückschauen.

Bei sich zu sein bedeutet, sich »im Fluss zu fühlen« oder »in der Mitte« zu sein. Wenn wir uns selbst nahe sind, wenn wir wissen, was uns gut tut, wenn wir uns in uns ganz und geschützt fühlen, dann können wir auch

> Sinnvoll ist unser Leben, wenn wir unsere Schwingung leben.

anderen Menschen nah sein oder nah werden. Wenn wir uns vor uns selbst fürchten und Angst vor der Intensität mit uns selbst verspüren, dann fürchten wir auch die Intensität mit anderen und es ergeben sich daraus viele Probleme.

Das Gefühl der Resonanz, mit sich selbst in Schwingung zu sein, fühlt sich an wie der Duft und die Wärme in einem wunderbaren Erlebnis in der Natur, wie das Glitzern der Sterne, Meeresrauschen oder das Sonnenlicht und die Weite auf einem Berggipfel. Wir fühlen uns geschützt und ganz in unserer Mitte, wir können die Stille, das Licht und die Wärme oder den Gesang in uns erspüren und befinden uns in einer wunderbaren Schwingung, die uns mit der ganzen Welt in eine Art Einklang bringt. Jeder Atemzug macht uns noch ein Stückchen weiter und offener. Es ist ein großartiges Gefühl. Wir wünschten, wir würden uns immer oder doch wenigstens sooft wie möglich so fühlen.

Leider ist dem nicht so. Wir spüren zwar in unserem hektischen Leben die Sehnsucht nach diesen »Auszeiten«, wissen auch in etwa, wie sich das anfühlt, aber wir wissen nicht, wie wir (bewusst) in diesen besonderen Zustand kommen sollen. Es scheint uns unmöglich, diese Qualitäten, dieses Einssein mit uns »auf Knopfdruck« zu leben. Für manche Menschen ist dieser besondere Kontakt mit sich selbst auch beängstigend. »Es« ist nicht »zum Aushalten«. Wir wollen Zufriedenheit und Einklang mit uns selbst, wissen nicht, wie wir »dahin kommen«, und halten es so, wie wir es gefunden haben, dann manchmal nicht aus. Es ist uns dann fremd, dass es uns so gut geht. Kaum ist der glückliche Zustand vorbei, meinen wir, wir müssten warten, bis Fortuna uns wieder einen solchen Moment beschert.

Auszeiten mit sich selbst, sich wohlig und in der Quelle des Seins zu bewegen, können wir immer wieder aufs Neue selbst kreieren. Allerdings bleibt uns nichts anderes übrig, als uns darin zu üben und zu schulen, denn es wurde uns nicht automatisch gelehrt. Da wir den Weg zu diesem inneren Schatz nicht kennen, verirren wir uns oft im Äußeren.

Wir suchen für diese Leere in uns eine Antwort, denn das Bedürfnis ist spürbar und will gestillt werden. In der Hoffnung, das Sehnen in uns zu befriedigen, füttern wir es mit Essen, Alkohol, wahllosem Sex, Einkäufen oder Drogen. Der Ersatzmittelmarkt wächst jeden Tag und die Werbung heizt uns ein, indem sie uns genau dieses Gefühl der »Lösung« vorgaukelt.

> **Die innere Leere treibt uns zu Süchten.**

Denken Sie nur mal an diese wunderbaren Bilder aus der Karibik ... Menschen räkeln sich in der Sonne, sind vergnügt in einer Gruppe und dann, na ja, dann gibt es etwas Besonderes zu essen oder zu trinken oder die ganze Truppe steigt in einen bunt geschmückten Wagen. Wir können das machen, was uns die Werbung vorschlägt, aber in Kontakt mit uns selbst kommen wir auf diese Weise nicht.

Die Qualität der Beziehung zu sich selbst, sich frei zu fühlen und dabei mit anderen verbunden zu sein, hat großen Einfluss darauf, wie wir unser Leben gestalten und wie wir die Qualität der Partnerbeziehung leben. Wenn wir uns mit uns selbst allein fühlen, dann »fallen wir in andere hinein«, sobald sie mit uns in Kontakt treten. Wir suchen in anderen Menschen eine Antwort auf unser unbefriedigendes Gefühl.

Je näher wir uns selbst sind und je intensiver wir die Beziehung mit uns leben, desto attraktiver werden wir für andere und für unseren Partner. Wir verharren dann nämlich nicht still und unbewegt, sondern befinden uns in einem stetigen, gewollten Wandel. Es ist spannend zu leben. Egal, was wir auch Neues ausprobieren, wir tun es aus Lebensfreude. Wir leben, und wir leben gerne und wollen so viel wie möglich leben.

> **Wir sind attraktiv, wenn wir in Resonanz sind.**

Können Sie nachspüren, wie viel Energie allein schon von der Vorstellung eines Menschen ausgeht, der im Einklang mit sich lebt und sein Hiersein als Bereicherung und große Herausforderung betitelt? Alles kann sich mit solch einem Menschen verändern. Manchmal stündlich.

Natur, Musik, Bewegung, Tanz und Malen helfen Ihnen, die Beziehung zu sich selbst wieder neu zu leben. Sie arbeiten dann zwar vielleicht als »Manager« oder als eine »Frau der Führungsriege«, Sie sind »Mutter« oder »Vater« – und gleichzeitig sind Sie Sie selbst. Sie leben in Resonanz mit sich, mit anderen und den Aufgaben – Sie werden wieder Mensch.

Ich sage »werden«, weil wir genau dieses Menschsein sehr schnell vergessen oder verdrängen. In der Rolle des »Selbst«, des »Individuums« kennen Sie Ihre persönlichen Neigungen, Sehnsüchte und Bedürfnisse sehr genau und tragen Sorge dafür, dass Sie diese leben. Die Sehnsucht zeigt uns den Weg. Solange wir diese Rolle nicht kennen, nörgeln wir an anderen und unserem Partner herum und machen Vorschläge, wie diese anderen Menschen sich zu verändern haben. Andere sollen etwas tun, damit es uns mit uns selbst besser geht.

Menschen, bei denen diese besondere Form von Kontakt noch nicht hinreichend ausgebildet ist, beschreiben ihr Zusammensein mit anderen Menschen manchmal selbst als sehr anstrengend. Der längere Kontakt mit anderen Menschen ermüdet sie, sie fühlen sich in gewisser Hinsicht ausgelaugt oder sie beschreiben den Zustand so, als würde ihnen Energie abgezogen werden. Ich habe in meinen Trainings jedoch oft etwas ganz anderes beobachtet: Wenn ich nicht weiß, wer ich bin, kümmere ich mich verstärkt um andere. Das macht müde und laugt in der Tat aus, denn wenn wir so leben, sind wir immer im Außen und immer bei den anderen. Sie kennen diese Frauen, die sofort ganz hektisch werden, wenn Besuch kommt? »Noch ein Häppchen? Kaffee gefällig? Moment, ich hole Ihnen noch schnell eine Serviette!« Das hat nicht immer etwas mit Gastfreundschaft zu tun. Menschen, die ihre Rolle des Individuums kennen, bleiben bei sich, auch wenn sie in Kontakt mit anderen sind oder irgendeine andere Tätigkeit ausüben, und sind geschützt.

> **Resonanz und Ausstrahlung können gelernt und geübt werden.**

Übung für Resonanz und Selbst: Atem ist Leben und Leben ist Atem

Nehmen Sie sich täglich Zeit, zehn Minuten reichen, um nach innen zu gehen und achtsam mit sich selbst zu sein. Es gibt dazu viele Übungen und Bücher. Finden Sie etwas, was Sie gerne machen und worauf Sie sich freuen.

Beispiel:
Setzen oder legen Sie sich bequem hin und erleben Sie die Balance von Geben und Nehmen und das Einssein:

Indem Sie Ihren Atem beobachten, kommen Sie ganz zu sich. Nehmen Sie wahr, wie der Atem in den Körper fließt und wieder hinausfließt.

Sie sagen sich: »Mein Atem strömt in meinen Körper, mein Atem strömt aus meinem Körper.«

Sie atmen kurz ein und lang aus und sagen: »Ich nehme wahr, wie mein Atem kurz in meinen Körper strömt, und ich nehme war, wie er ganz lang hinausströmt.«

Sie atmen lange ein und kurz aus und sagen: »Ich nehme wahr, wie mein Atem lange in meinen Körper strömt und wie er kurz hinausströmt.«

Nun lassen Sie alle Erinnerungen kommen, in denen Sie ganz Sie selbst und in sich und mit dem Umfeld eines waren, in denen Sie in sich Kribbeln, Pulsieren oder Fließen spürten und sich lebendig fühlten. Suchen Sie davon eine Erinnerung aus, in der Sie allein und in der Natur sind. Sie können diese Landschaft malen und spüren, welche Qualitäten dort vorhanden sind, zum Beispiel Licht, Farben, klar, frisch, warm, weich. Diese Worte sind »Ihre« Zauberworte, sie verzaubern Sie so oft, wie Sie sich diese sagen. Sie machen Sie lebendig, schön und begehrenswert.

Beispiele für positive Möglichkeiten

Liese, 38 Jahre
Liese war ein »Workaholic« und hatte praktisch keine Zeit mehr für sich selbst und ihre Freunde. Alle möglichen kleineren Körpersymptome hatten sich bereits eingestellt, die sie aber ignorierte und nicht ernst nahm. So hart, wie sie mit sich selbst war, so hart war sie auch mit ihren Mitmenschen. Sie verbreitete nicht gerade eine angenehme Atmosphäre. Gott sei Dank wachte sie rechtzeitig wie aus einem bösen Traum auf und begann einiges zu verändern:

> **Resonanz ist Achtsamkeit.**

Sie liebt es, ihren Körper zu bewegen, und entdeckte Tai-Chi. Über diese täglichen Übungen spürt sie das Fließen des Chi in ihrem Körper. Sie ist in ihrem Körper angekommen und genießt jeden Schritt und jede Bewegung und damit auch jedes Zusammensein mit ihrem Partner.

Ute, 34 Jahre
»Eine ganze Weile konnte ich die Nähe mit meinem Mann nicht genießen, weil ich mit mir selbst sehr unzufrieden war. Ich hatte Probleme mit meinem Älterwerden und auch mit meinem Gewicht. In langen Spaziergängen habe ich von der Natur und den Elementen gelernt und bin mir selbst wieder näher gekommen, indem ich mich so, wie ich bin, annahm und gern hatte, indem ich gut zu mir sprach und auch die Qualität meines Alters würdigte. Ganz bewusst beobachtete ich meine Gedanken und hörte auf, mich selbst runterzumachen. Durch Yoga erspürte ich meinen Körper auf eine neue Weise und fand zu meiner Sinnlichkeit zurück. Ich bin überrascht, wie viel Liebe und Kraft in mir für mich ist, wenn ich sie nur zulasse.«

Wenn uns unsere Bedürfnisse nicht klar sind und wir nicht wagen, sie gegenüber anderen zu äußern, geraten wir sehr schnell in eine Art Opferrolle. Die anderen sollten uns dann erlösen, für uns denken, unsere Gedanken erraten, wissen, was für uns gut ist. Das macht niemandem Spaß und die anderen sind des Spiels schnell überdrüssig.

Wenn wir uns ständig den Bedürfnissen und Wünschen anderer Menschen unterordnen und damit die eigenen ignorieren, laufen wir Gefahr, unsere Kontur und unser Selbstwertgefühl zu verlieren. Auch das ist für andere Menschen nicht schön mitzuerleben.

Egal, ob Opferlamm oder »devoter Partner«: Erotik versprühen wir in beiden Rollen nicht. Zumindest dann nicht, wenn sich unser Partner einen gleichwertigen Menschen zur Seite wünscht, das bedeutet, einen Menschen, der die Balance zwischen Geben und Nehmen im Alltag spürt und lebt.

Wenn wir als Individuum unser Selbst leben und im Einklang mit unserem Umfeld sind, nehmen wir unsere Bedürfnisse wahr, können so unsere Wünsche und Sehnsüchte äußern und lassen auch andere, insbesondere unsere Partner, ihre Bedürfnisse leben. Beide Partner haben in einer solchen Beziehung genügend Raum zur Entfaltung. Die Beziehung ist lebendig und beide Partner finden ausreichend Möglichkeit, sich intensiv und prickelnd zu begegnen. Nichts wird gelebt, »weil es schon immer so war«, und die Beziehung bleibt lebendig und entfaltet sich wie jeder lebende Organismus ständig weiter.
Beantworten Sie folgende Fragen, um Ihren eigenen Bedürfnissen auf die Spur zu kommen:

- Was würden Sie gerne tun, wenn Sie nicht arbeiten »müssten«?
- Was schieben Sie »bis zur Rente« auf?
- Was haben Sie bis heute aufgeschoben?
- Wie fühlt sich das an, wenn Sie nur an sich denken und Sie sich schön und glücklich fühlen?

Falls sich bei den Antworten ein schlechtes Gewissen oder ein »Ja, aber ...« bei Ihnen meldet, formulieren Sie diese negativen Botschaften um:

Schlechtes Gewissen:
»Ich kann doch nicht schon wieder übers Wochenende alleine wegfahren!«

Positive Formulierung:
»Ich bringe neue Eindrücke mit nach Hause!«

Ein Geschenk für Sie

Verbringen Sie in den nächsten Tagen immer wieder Zeiten mit sich allein, um zur Stille und inneren Mitte zu kommen. So werden Sie herausfinden, was Ihnen gut tut und was Sie gerne mit sich allein unternehmen. Häufig finden wir in der Natur dieses bestimmte Gemisch aus Inspiration, Ruhe und Selbstfreude, das ich in meiner Arbeit auch den »Quellzustand« nenne. Dies ist der Glaube an eine große Urquelle, die alle komplizierten Prozesse in unserem Körper und überall in der Natur steuert und lebendig hält. Wir sind in Kontakt mit unseren inneren Kraftquellen. Wir sind, wenn wir dieses Gefühl in uns tragen, ganz »in uns« und spüren eine besondere Freude. Dieses Gefühl ist in uns gespeichert und wir können es »abrufen«, indem wir zum Beispiel an diesen besonderen Ort denken (an einen Baum gelehnt, das Rauschen des Meeres, das Sonnenlicht auf einem Berggipfel). Es sind warme und zuversichtliche Empfindungen, die Sie dann durchströmen und offen für sich selbst, für andere und für Ihre Beziehung machen. Erst wenn wir gerne mit uns sind, sind wir es auch gerne mit unserem Partner. Allein und gemeinsam genießen und verweilen zu können, ist der Nährboden für sinnliche Genüsse, die wir zu zweit in Liebe erleben und uns schenken. Wir sind dann frei, können jederzeit alles haben und brauchen nicht immer auf den Partner zu warten. Dies ist die Basis für eigenverantwortliche, gleichwertige Beziehungen, in denen sich jeder frei und geborgen fühlt. Das Leben und die Beziehung haben dann einen Sinn.

Wie können Sie den Resonanzzustand häufiger und vielleicht auch durchgängiger leben?

In Resonanz sein ist die Basis für alle weiteren Rollen und deshalb wäre es schön, wenn Sie jeden Tag sich auf dieses Gefühl freuten, das eigentlich das ist, was Sie sind – Ihre Persönlichkeit.

Nach alter Weisheit ist jeder ein Haus mit vier Zimmern: einem körperlichen, einem geistigen, einem emotionalen und einem spirituellen Zimmer. Viele von uns leben vornehmlich in nur einem Zimmer, aber wenn wir nicht jeden Tag in jedes Zimmer gehen, und sei es nur, um es zu lüften, sind wir keine vollständigen Menschen.

Wir können unsere Resonanz wieder entdecken, indem wir unseren Körper achtsam wahrnehmen, indem wir auf unsere Gedanken achten, die uns beeinflussen, und unsere Emotionen wählen, welche uns gut tun. Im »spirituellen« Zimmer finden wir Antworten auf alle Fragen, die noch niemals gedacht worden sind.

Die Natur ist ein großer Lehrmeister und kann uns sehr viel helfen, wenn wir lernen, täglich in der Natur zu verweilen, die Ruhe eines Baumes zu genießen, einem Bach zu lauschen, vom Wind uns streicheln und von der Erde uns tragen zu lassen ... Holen Sie sich täglich Ihre Geschenke ab!

2. Rolle: »Frau/Mann« – Als Frau oder Mann in Resonanz sein

»Wer bin ich als Frau oder Mann?«

Unsere Vorstellungen, Wünsche und Erwartungen machen aus uns das, was wir sind, egal, ob wir das bemerken oder nicht. Unsere Muster wirken aus dem Unbewussten heraus. Manchmal, wenn wir zu uns selbst etwas auf Distanz gehen, fällt uns auf, wie wir reagieren. »Was mache ich denn da?«, fragen wir uns und das ist dann ein guter Moment, dieses Verhalten auf seinen »Wert« hin zu überprüfen. Wie gehen wir mit uns um? Leben wir die Fülle, versagen wir uns ständig etwas oder wissen wir gar nicht mehr, was das wäre, was wir uns versagen könnten?

Was es für uns persönlich heißt, uns als Mann und Frau auf dieser Welt zu begegnen, drückt sich ganz deutlich in unserem Alltag und in unserer Partnerschaft aus.

Unserer heutigen Zeit mangelt es an »Vorschriften«, die unsere Ahnen noch bezüglich ihrer Rollen hatten. Wir wollen diese alten Rollen nicht mehr leben, haben aber noch keine verbindlichen neuen. Wir dürfen sie neu und nach eigenen Bedürfnissen definieren, wissen aber nicht, wie. Das führt zu allerlei Chaos, denn was der eine als »männlich« empfindet, sieht ein anderer wieder gar nicht so. Es gibt also keine allgemein gültige Mann- Frau-Plattform mehr. Jeder ist für sich und sein eigenes Rollenbild verantwortlich. Da wir dafür so etwas wie eine Anregung brauchen, haben die Werbung, Schauspieler und andere Vorbilder oft mehr Einfluss auf uns, als es ihnen eigentlich zusteht.

Wir sind auf der Suche. Männer wollen sexy, zartfühlend und empathisch sein, Frauen erotisch und erfolgreich im Beruf. Daheim im Bett sind Frauen zum Beispiel vielleicht noch eine

Schmusekatze, bereits im Auto aber schon ein gefährlicher Tiger, der seine ersten Streifzüge im Business-Dschungel plant. Frauen wollen alles sein und alles können. Vorbei die Zeiten, in denen sie nur am Herd standen. Nicht mehr interessant die Männer, die egozentrisch nur an das eigene Weiterkommen denken. Wir wollen uns mit Haut und Faser als Mann oder Frau fühlen. Begehrenswert, flirtend, sinnlich, stark *und* schwach. Liebe und Sexualität miteinander teilen und die Sehnsucht haben, mit der Verschmelzung unserer Körper auch unsere Seelen zu verbinden.

Wir schauen zu unserem Partner und wünschen uns, das »Schnittmuster« für eine/n begehrenswerte/n Partner/in zu bekommen. »*Er* soll sagen ...« »*Sie* soll sich äußern, was sie will.« Die vielen Anforderungen im Äußeren und die Fragen in den eigenen vier Wänden lassen uns vergessen, darüber nachzudenken, was wir selbst von unserer Rolle als Frau oder Mann erwarten. Wann sagen wir: »Ich fühle mich als Frau sehr weiblich«? Welches Verhalten muss eine Person zeigen, bis wir sagen: »Das ist ein richtiger Mann«? Oder: »Ich bin ein Mann«?

Je klarer unser Selbstbild und unser Selbstwertgefühl als Mann oder als Frau sind, desto sicherer fühlen wir uns auf dem Parkett der Partnerschaft. Je begehrenswerter und schöner wir uns selbst finden, desto mehr strahlen wir diese Signale aus. Um zu uns selbst zu finden, müssen wir uns nicht verändern, sondern mit uns in einen liebevollen Dialog treten.

Eine Rose will nur eine Rose sein und vergleicht sich nicht mit anderen Blumen. Sie ist gut, so, wie sie ist. Vollkommen! Deswegen finden auch wir die Rose schön und genießen ihren Stolz, ihr Aussehen und den wunderbaren Duft. Wem käme es in den Sinn, an einer Rose herumzunörgeln?

Wie wir uns selbst als Mann oder Frau sehen, die Bilder und Vorstellungen, die wir darüber entwickeln, dies gestaltet das Leben unserer Beziehung. Gemäß diesen inneren Vorstellungen bewege ich mich in meiner Rolle. Welchen »Hüftschwung« traue ich mir zu? Bin ich eher zurückhaltend und lasse ich mich gerne »necken«? Oder gehe ich lieber eindeutig und forsch auf jemanden zu, zwinkere mit den Augen und lächle verführerisch?

Ich kenne eine Menge Menschen, die auf eine völlig neue Weise anfangen zu strahlen, treten sie mit anderen als »Frau« oder »Mann« in Kontakt. »Unscheinbare« Frauen und Männer beginnen mit einem Mal aufzublühen, bringen sie sich in ein Gespräch, in eine Gruppe ein. Es steckt so viel »Frau« und »Mann« in uns, wir brauchen es nur entdecken und befreien!

Die Qualität unserer Beziehungen, unser täglicher Umgang miteinander, wie und auf welche Weise wir uns verwöhnen und überraschen, hat nicht nur etwas mit diesem Ausleben der eigenen Rolle, sondern auch mit Achtsamkeit zu tun. Sich selbst als »wunderbaren Mann« oder »verführerische Frau« zu fühlen prägt und verändert auch unsere partnerschaftliche Sexualität. Wir »schlafen« dann nicht nur miteinander, sondern wir »genießen den Sex«, haben alle Sinne eingeschaltet, riechen, schmecken, fühlen und schaffen ein Ambiente, in dem wir uns als erotischer Mensch sprühend und knisternd fühlen. Wir tragen ein kleines Feuer in uns, das Feuer der Liebe, und wir »stecken« damit unseren Partner an.

| Flirten und Knistern bleiben lebendig. |

Sehr oft kommt die Rolle »Frau/Mann« in Familien mit Kindern im Alltagsleben zu kurz. Es gibt im Moment Wichtigeres, denken wir und schmieren für die Kinder Pausenbrote. Wir kümmern uns um einen Gesprächstermin mit dem Klassenlehrer unseres Kindes, aber nicht um uns selbst in der Beziehung. Wir planen mit unserem Partner das Gespräch, sprechen Schulnoten und Nachhilfepläne durch, sind Mutter und Vater, aber nicht »Mann« und »Frau«.

Natürlich ist es bedeutsam und beruhigend, wenn die Familie »funktioniert«. Wenn Kinder in das Leben einer Beziehung kommen, ist es sehr wichtig, Mutter und Vater zu sein. Mutter und Vater zu sein ist jedoch kein Ersatz für Frau und Mann. Bleiben wir in der Mutter- und Vaterrolle verhaftet, wirkt sich das lähmend auf die Beziehung aus. Im schlimmsten Fall zieht dann der Mann ins Kinderzimmer und das Kind schläft bei der Mutter im Ehebett. Wie spannend könnte aber unsere Beziehung bleiben oder werden, wenn wir trotz Kinder, trotz unserer Elternaufgabe und trotz all der täglichen Schwierigkeiten »knisternd« füreinander blieben! Was wäre, wenn wir trotz des Alltags nicht vergessen würden, farbig und offen für neue Impulse und Erfahrungen zu bleiben?

Wir können dies nur erleben, wenn wir nach der ersten Elternzeit wieder ganz bewusst unsere männliche und weibliche Seite erneut annehmen und uns als sexuelle Wesen erleben. Miteinander zu flirten wie am ersten Tag! Können Sie wie ich das Knistern spüren, das unsere Gedanken allein durch die Möglichkeit bewirken? Liebe ist eine Palette voller bunter Farben, Sex ist nur ein Verhalten. Wenn zwei staunende, (sich selbst) liebende Menschen miteinander schlafen, dann fließen zwei Resonanzkörper zusammen und der Orgasmus ist endlich das, was wir uns doch schon so lange ersehnen: Verschmelzung! Dieses wunderbare Miteinanderschwingen und -sein verändert und schafft sich im Lebenszyklus immer wieder neu. Es ist spannend, mit 20 Jahren zu lieben, anders mit 30 Jahren, neu mit 40 Jahren und vielleicht wieder sehr spannend und aufregend mit 50 oder 60 Jahren.

> **Das Frau-/Mann-Sein immer wieder neu genießen und neu definieren**

Beispiel für einen positiven Umgang mit der »Frau-/Mann«-Rolle

Luise, 34 Jahre
»Wenn wir uns gegenseitig berühren, uns streicheln und miteinander schlafen, dann ist das für uns ein ganz eigener, sehr intimer Raum, in dem wir alles Äußerliche abschalten können und nur noch miteinander sind. Es ist auch eine gute Möglichkeit, zu mir und zu ihm zu finden, wenn im Alltag vielleicht mal nicht alles so klappt.«

Klare Vorstellungen darüber, wie wir unsere Rolle als Mann oder als Frau leben möchten, Wünsche und die Entscheidung, dafür Zeit und Energie einzusetzen, ermöglichen eine lebendige Beziehung, die sich immer wieder wandeln darf und neu gestalten. Die sexuelle Revolution hat nicht das gebracht, was wir uns von ihr erhofft haben. Es ist nicht der »Quickie«, nach dem wir uns sehnen, oder? Wir suchen das »Flow«-Gefühl, das durch uns strömt, und zwar mit unserem Partner und nicht mit irgendeinem anderen Menschen. Nicht nur das. Wir wollen es mit unserem Partner auch immer wieder neu erleben, dieses Strömen, diese Magie in uns, die uns so nah, glücklich und zufrieden macht. Zuweilen stoßen wir da auf die Tücken unserer Zeit. Frauen wollen nicht nur »Weibchen« sein oder »Emanzen«, Männer keine »Softies« oder »Machos«.

Das überlieferte Rollenbild einfach abzulegen hat uns nicht viel weitergebracht und erst recht nicht glücklicher gemacht. Ablehnen allein genügt nicht. Wir brauchen neue Bilder. Wir sehnen uns nach *wirklichen* Frauen und Männern, die lebendig diese Rollen leben, wissen aber nicht, wie diese ausschauen. Wie gesagt: Wir wollen keine »Machos« und keine »Emanzen«, keine »verweiblichten Männer« und keine »Weibchen«, wir wollen alles: zärtliche Männer, aber auch Männer, die sich durchsetzen und die Verantwortung übernehmen können. Und zärtliche Frauen, die sich durchsetzen können und die bereit sind, Verantwortung zu übernehmen. Menschen, die sich selbst weiterentwickeln, die ihre Partnerschaft bewusst gestalten und ihr Geschlecht genießen.

Was wir brauchen, ist ein Tanz zwischen den Polen. Männer, die fordern *und* nachgebend sein können. Frauen, die verlangen *und* sich hingeben können.

Beantworten Sie folgende Fragen, um Ihrem eigenen Rollenbild auf die Spur zu kommen:

- Welche Farbe tragen Sie in einem Gemälde als Frau oder Mann?
- Welche Blume möchten Sie gerne sein?
- Welchen Duft hat für Sie Sexualität?
- Welche Stelle Ihres Körper lieben Sie am meisten?
- Wie lebten Ihnen Vater und Mutter die Rolle als Mann oder Frau vor?

Drücken Sie Ihre Antworten in Farben aus. Malen Sie ein Bild zu Ihrer Stimmung »Frau« oder »Mann«. Hören Sie dazu eine Musik, die ganz besonders zu dieser Stimmung gehört. Zeigen Sie Ihrem Partner Ihr Bild und erzählen Sie von Ihrem Leben als Frau oder Mann und was Ihnen dabei noch fehlt. Drücken Sie dieses Bedürfnis in einem Wunsch an sich selbst aus. Oder gehen Sie nach innen, in die Welt der Fantasien und Weisheiten und lassen Sie sich Ihre Vorstellungen als Frau oder als Mann schenken. Malen Sie anschließend diese Geschenke und tauschen Sie sie mit dem Partner aus. Finden Sie ein gemeinsames Bild, das für Sie beide stimmig ist. Und finden Sie eine bestimmte Melodie, Musik und einen Duft, die Sie an Erotik und Lust erinnern.

Sagen Sie sich Zielvorstellungen, Affirmationen, zum Beispiel:

Es fehlt Ihnen das Gefühl, als erotische Frau gesehen zu werden:

»Ich wünsche mir, mich selbst häufiger als erotische Frau wahrzunehmen.«

Sie möchten öfter nicht nur als Vater, sondern auch als »Mann« gesehen werden:

»Ich wünsche mir, in mir häufiger den Mann zu erleben.«

Das Geben zwischen Mann und Frau ist sehr häufig nicht mehr in Balance. Wir leben unsere Bedürfnisse wahlweise oder autonom aus, aber nicht mehr in einem zufriedenen Miteinander. Betrachten wir die Natur, so sehen wir oft Bäume, die sich mit ihren Spitzen gegenseitig »anschaukeln«. Jeder von ihnen bleibt »Baum« und dennoch haben sie auch ein verspieltes Miteinander.

Sie können dieses Miteinander in der gegenseitigen Massage finden. Widmen Sie sich gegenseitig! Ich meine, widmen Sie sich selbst und stellen Sie nicht allein nur Zeit zur Verfügung. Sich absichtslos zu widmen schenkt uns die schönsten Überraschungen! Sich fallen zu lassen und es zuzulassen, dass der Partner uns auffangen darf, ist erotischer und verführerischer als jedes Dessous. Je mehr wir uns selbst als »Mann« und »Frau« achten und ehren, desto häufiger gelingt die wunderbare Schwingung »Paar«. Wir sind dann »zu Hause«, aber »frei«.

Achtsam sich immer wieder neu entdecken

Gibt es eine innere Vorstellung von solch einem Paar-Leben, das sich in Ihnen jetzt auf Anhieb entwickelt? Gehen Sie diesen Bildern und Gedanken nach und lassen Sie sich erzählen, was Sie sich selbst ersehnen.

Wir können nur das leben, was wir uns vorstellen können, wozu uns Bilder einfallen, Erinnerungen oder Vorbilder. Oft genug fallen uns bei Vorbildern nur unsere eigenen Eltern ein, denn sie waren das erste Paar, das wir als Kind erlebten. Um unsere eigene Beziehungsgeschichte zu leben, müssen wir jedoch eigene Vorstellungen und Bilder entwickeln. Die Geschichte unserer Eltern hat sich überholt, die Gesellschaft verändert, neues Lernen als Mann und Frau ist notwendig, damit Beziehungen nicht nur geknüpft werden, sondern auch erhalten bleiben.

Welche Gedanken kommen Ihnen, allein oder als Paar, bei folgenden Fragen?

- Was wollen wir als Mann und Frau?
- Welche Werte wollen wir entwickeln?
- Wie wollen wir als sexuelles Paar leben?
- Welche Überzeugungen wollen wir leben?
- Wie drückt sich das aus, wenn wir miteinander in Resonanz sind?
- Wie wollen wir uns unsere Wünsche und Sehnsüchte mitteilen?

Jedes Paar hat eine eigene Definition von Beziehung, Liebe, Nähe, Sexualität, Treue und Verlässlichkeit. Es ist sehr spannend, wenn wir uns mit unserem Partner darüber austauschen und gemeinsam ein neues Rollenbild entwickeln, das sich auch immer wieder verändern kann. Nur wenn wir uns ständig wandeln und verändern, bleibt die Beziehung lebendig und spannend.

3. Rolle: »Hierarchie« – Resonanz in den übernommenen Aufgabenbereichen

»Wer bin ich in der Balance von Geben und Nehmen?«

In interessanten und lebendigen Beziehungen kann ich mich von meinem Gegenüber führen lassen, mich anvertrauen und umgekehrt selbstbewusst Führung und Verantwortung übernehmen. Wir wissen von unserem Partner, wofür er gerne Verantwortung übernimmt, welches unser Part ist und worüber wir verhandeln müssen. Es sollte eine Balance, ein Ausgleich zwischen Geben und Nehmen bestehen. Häufig ist das Verhältnis zwischen Geben und Nehmen unausgeglichen. Der eine gibt öfter, der andere ist gewohnt zu nehmen. Irgendwann stimmt die Waage, der Ausgleich nicht mehr und eine stetig wachsende Unzufriedenheit macht uns darauf aufmerksam. Wir beginnen unseren Partner zu beobachten, wir registrieren, dass wir »schon wieder geben«. Einer der Partner füllt immer mehr in seine Schale – oder hat zumindest dieses Gefühl. Im Alltag drückt sich das dann in ganz profanen Dingen aus:

- Schon wieder trage ich den Mülleimer runter!
- Er kommt gar nicht auf die Idee, das Bad zu putzen ...
- Der Tank ist leer, offenbar denkt sie, ich muss das machen.
- Wieso lade eigentlich ich immer nur Freunde ein?
- Ich bin mal gespannt, ob er einkaufen geht.
- Sie ist schon wieder krank und ich muss alles allein machen.
- Der ganze Haushalt ist meine Sache und er arbeitet jeden Tag ganz lange.

Sie kennen diese Situationen sicherlich sehr gut. Nichts ist geklärt, abgesprochen und beide Partner »säuern« vor sich hin.

Eigentlich wollen wir doch anders leben! Denken Sie wieder an unsere großen Bäume, die nebeneinander stehen und deren Kronen, von leichtem Wind bewegt, sich gegenseitig anschaukeln und bewegen. Jeder Baum steht für sich und dennoch sind beide Bäume zusammen.

> **Übung: Sich im Einklang bewegen**
>
> Übertragen Sie dieses Bild auf Ihre Beziehung. Stellen Sie sich vor, wie Sie sich mit Ihrem Partner im Einklang bewegen, indem Sie sich gegenseitig leicht anschubsen, und wie die Bäume hin und her wiegen. Gehen Sie auf Ihren Partner ganz sanft zu und beobachten Sie, wie er auf Ihren leichten »Schubser« reagiert.
>
> Leichte »Schubser« sind Einladungen und können sein:
>
> - ein Streicheln auf dem Arm,
> - ein Kuss auf die Wange,
> - ein anerkennender Blick,
> - ein Kompliment,
> - ein Anschmiegen an den Rücken.
>
> Entdecken Sie Ihren Partner wie ein kleines Wunder jeden Tag aufs Neue. Es gibt vieles zu sehen, auch wenn der Alltag uns etwas anderes vormachen will.

In dieser Rolle werden Sie immer den zwei Aspekten Geben und Nehmen gerecht. Dazu braucht es genaue Absprachen, wer wofür Verantwortung übernimmt:

1. *das Geben:* die Fähigkeit, für eine Sache oder für andere Menschen Verantwortung zu übernehmen und für andere »da sein« zu dürfen und zu können,
2. *das Nehmen:* die Fähigkeit, Verantwortung abzugeben, sich verwöhnen und umsorgen zu lassen. Sie müssen annehmen und auch um Hilfe bitten können. Annehmen bedeutet nicht: »Ich sage dir, was du für mich machen sollst!«, das wäre ein Befehl, annehmen heißt, dass unser Partner uns etwas gibt und wir dies auch bemerken, selbst wenn wir es nicht gefordert haben. Jemand hat sich um uns Gedanken gemacht, hat uns beschenkt, wir nehmen es an und freuen uns darüber.

Der Wechsel dieser beiden Aspekte passiert ständig und oft unbemerkt. Beobachten Sie in Ihrem alltäglichen Ablauf immer wieder, ob Sie gerade führen oder sich führen lassen. Ob es Ihnen Spaß macht, sich hinzugeben, zu bitten, zu vertrauen, oder ob Sie sich nur auf der sicheren Seite fühlen, wenn Sie die Richtung bestimmen.

Nicht immer, wenn wir gut führen, heißt dies auch, dass wir uns gut führen lassen. Umgekehrt ist die Fähigkeit sich unterzuordnen nicht immer ein Garant dafür, die Führung übernehmen zu können, dort, wo es nötig wäre. Für unsere Beziehung bedeutet dies, den anderen auch zu »lassen«, wenn eine Aufgabe in seiner Verantwortung liegt.

| Führen und führen lassen |

Sabine, 43 Jahre
»Wir hatten einmal einen riesigen Krach, als wir einmal eine Party hatten. Vor dem Fest hatten wir verschiedene Abmachungen getroffen. Unter anderen, dass ich für die Gestaltung der Räumlichkeiten verantwortlich war und mein Partner sich um die Getränke kümmern wollte. Als er am Festabend von der Arbeit nach Hause kam, passte ihm die Dekoration nicht

und wie ich die Tische angeordnet hatte. Er fing an zu diskutieren und mich mit seinen Verbesserungsvorschlägen zu belästigen. Mich hat das ziemlich aufgeregt, zumal er dann auch noch anfing, alles umzuräumen. Was sollte das? Ich hatte die Aufgabe übernommen und die Gestaltung lag bei mir. Hätte er mir nicht einfach diese Verantwortung mal lassen können? Was mischt er sich dauernd ein?«

Auweia! Erst sollen wir etwas machen, aber dann machen wir es »für den anderen« nicht richtig, weil wir seine inneren Vorstellungen und Bilder nicht in die Realität umsetzen. In der Tat, man kann sich auch mal zurückhalten, insbesondere dann, wenn die Aufgaben zuvor verteilt wurden und der Partner nicht um Unterstützung bittet. Noch besser geht es, wenn wir uns über dieses Anderstun freuen können und entdecken, wie viele Möglichkeiten es gibt, Dinge zu gestalten.

Auch diese Medaille hat eine andere Seite. Eine unklare. Auf dieser Seite fantasieren wir in unseren Partner hinein. Wir machen uns eine innere Vorstellung davon, was er gerade braucht, wir interpretieren hinein, dichten ihm oder ihr Bedürfnisse an und erfüllen diese dann mit »Verantwortung«.

Ich kenne eine Frau, die zutiefst beleidigt war, als ihr ihr Partner »ohne zu fragen« einfach das Zimmer neu tapezierte. Die Farbe stimmte nicht, das Muster war grässlich und überhaupt: Warum hatte er nicht gefragt und einfach ihren Bereich ignoriert? Der Mann war daraufhin beleidigt und enttäuscht. Nun hatte er mal »was gemacht« und Verantwortung übernommen – und wieder war es nicht recht. Er war traurig und verletzt, weil er nicht die Freude und den Dank bekam, den er sich beim Tapezieren immer wieder vorgestellt hatte.

Verantwortung zu übernehmen bedeutet nicht, einfach zu »tun«, sondern zu klären, ob das, was wir machen, auch erwünscht ist. Es ist ein »Im-Hier-und-Jetzt-Sein«. Wir gehen dann achtsam mit unserem Partner um und in Gesprächen beobachten wir genau, ob auch unser Partner »da« ist oder mit den Gedanken ganz woanders. Gespräche, die mit einem »Gedankenreisenden« geführt werden, bringen nichts.

»Wir haben doch darüber gesprochen!«, beschweren wir uns im Nachhinein. »Wann denn?«, fragt der andere entrüstet.

Es gibt Situationen, da ist uns das Gespräch so ernst und wichtig, dass wir den anderen aus seinen Träumereien und inneren Dialogen holen wollen. Manchmal müssen wir das immer wieder tun. Mehrmals hintereinander. Welche Möglichkeiten gibt es da?

Sie können Signale vereinbaren: Ihren Partner berühren, leise »Hallo!« sagen, lachen oder »Schau mal« sagen und auf etwas zeigen oder mit dem Finger schnipsen. Mit diesen Worten oder Gesten holen Sie ihn aus dem Innen ins Außen zu Ihnen zurück. Nur wenn beide im Außen wirklich hier sind, ist Kommunikation möglich.

Als Vater oder Mutter übernehmen wir ganz klar Verantwortung für unsere Kinder. Wir bieten ihnen einen Schutzrahmen, innerhalb dessen sie sich frei entfalten können und gleichzeitig sehr sicher und geborgen sind. Die Werte, nach denen wir leben, sind der Schutzrahmen, in dem wir uns bewegen wollen und unsere Kinder erziehen.

> **Verantwortung zu übernehmen verlangt von uns, klar zu führen und für andere da zu sein.**

Wenn er von Respekt und Achtung geprägt ist, fällt es uns leicht, nein zu sagen, und unser Gegenüber oder die Kinder können dieses Nein annehmen, ohne sich als Person verletzt zu fühlen. Heutzutage fällt es uns viel schwerer, nein zu sagen als ja. Besonders auf die Kinder wirkt sich das in der Form aus, dass sie häufig nur eine sehr geringe Frustrationstoleranz haben. Wenn ihnen etwas nicht gelingt, sind sie deshalb oft total verzweifelt und wollen gleich alles aufgeben.

Auch in der Beziehung ist es wichtig, nein zu sagen. Dies gibt Klarheit. In diesem Moment stehen wir klar zu unseren Bedürfnissen und auch wenn unser Partner das nicht gleich versteht oder wenn er andere Prioritäten hat, eröffnet das Nein ein Gespräch und die Möglichkeit der Verhandlung. Beide Partner werden auf diese Weise in ihren Wünschen und Bedürfnissen klar erkennbar.

Im beruflichen Kontext zeigt sich dies zum Beispiel, indem wir klar zu der Aufgabe, Verantwortung, aber auch Macht stehen, die wir mit einer bestimmten Position übernommen haben. Wenn wir uns zu unserer Aufgabe bekennen und sie freudig ausführen, erleben wir uns in unserem freien Willen und Engagement. Hindernisse, Schwierigkeiten und Konflikte, die sich auf diesem Weg zeigen, sind dann nicht mehr bedrohlich, sondern wandeln sich in Herausforderungen.

Wenn ich im Einklang mit dem Thema der Verantwortung bin, dann kann ich in meiner Partnerschaft die Bereitschaft leben, Führung zu übernehmen und sie auch meinem Partner zu überlassen. Ich akzeptiere das Wechselspiel von Führen und Geführtwerden nicht nur, sondern erlebe es als einen spannenden Moment.

Beispiele für Balance im Geben und Nehmen

Martina, 47 Jahre

»Wir machen oft einen Partnerabend. Manchmal, wenn es einem von uns beiden nicht so gut geht, aber auch, weil es einfach schön ist. Einer verwöhnt, der andere lässt sich verwöhnen. Dazu gibt es zwei Möglichkeiten:

Der Partner, der verwöhnt wird, darf sich aussuchen, was er sich für den Abend wünscht, was ihm gut tun würde. Er kann sich eine Geschichte vorlesen lassen oder eine Massage wünschen oder er bekommt etwas Leckeres gekocht. Das genießen wir immer sehr. Wenn ich mir etwas wünschen darf, dann kann ich mich immer so richtig fallen lassen und auftanken. Ich muss mich dann um gar nichts kümmern und das ist wunderbar. Aber es macht mir auch genauso Spaß, mich um den anderen zu kümmern und zu sehen, wie er es genießt.

Die andere Möglichkeit ist folgende: Es gibt einen gemeinsamen Abend, an dem sich abwechselnd einer etwas ausdenkt und er den anderen einlädt, mitzumachen. Es gibt dann oft wunderschöne Überraschungen. Ich habe ihn zum Beispiel zu einer Vollmondwanderung eingeladen und als Überraschung ein leckeres Picknick für einen wunderschönen Platz mitgenommen.«

Paul, 43 Jahre
»Inzwischen habe ich verstanden, dass sie, wenn sie meckert und unzufrieden ist, mir einfach nur damit sagen will: › Nimm mich doch bitte in den Arm.‹ Sie möchte dann gehalten werden. Wenn ich das tue, erholt sie sich langsam und findet wieder zu ihrer Kraft zurück. Darüber zu reden, es auszudiskutieren ist ihr zu diesem Zeitpunkt nicht wichtig – es lenkt sie viel eher von ihrem Bedürfnis ab.«

Ein Partner kann nur dann Verantwortung übernehmen, wenn der andere auch bereit ist, sich fallen zu lassen, sich ihm anzuvertrauen und die Führung in diesem Augenblick abzugeben. Das bedeutet, dass auch erwachsene Menschen manchmal wie Kinder sein dürfen. Wir müssen nicht zu jeder Zeit und über alles den Überblick behalten, sondern dürfen auch hin und wieder loslassen und vertrauen – ist das nicht ein wunderbares Geschenk des Zusammenseins?

Wenn wir uns auf dieses Spiel von Geben und Nehmen einlassen, können wir uns verwöhnen lassen, genießen aus vollen Zügen und »tanken Kraft«, ohne gleichzeitig mit der Aufmerksamkeit »zu wandern«. Wir können den Augenblick bewusst erleben und sind gedanklich nicht im Büro. Wir sind da, nehmen an, lassen unseren Partner »machen« und erklären ihm nicht, auf welche Weise zum Beispiel »eine Massage effektiver geht«.

Um völlig *da* zu sein, müssen wir annehmen können. Wenn wir diese Fähigkeit nicht entwickeln, geraten wir in eine Art Konkurrenzverhalten und sind womöglich vom Gefühl einer ständigen Überforderung bestimmt. Wir sind dann unzufrieden, nörglerisch und rauben anderen den Spaß. Und: Wir bekommen Angst vor der Liebe. Wieso? Ganz einfach, weil wir die Liebe an Bedingungen gekoppelt haben. Aus Angst vor einem möglichen Liebesentzug passen wir uns an und beäugen gleichzeitig unseren Partner kritisch.

> Kleine Dinge tun oft so weh, weil sie mit uns wichtigen Werten verbunden sind.

Wir erstellen innerlich Listen, Kataloge und Bedingungen, indem wir zum Beispiel sagen:

»Wenn er mich wirklich *liebt*, dann bezahlt er im Restaurant die Rechnung.«
»Wenn sie mich wirklich *begehrt*, dann schläft sie in der Woche mindestens zweimal mit mir.«
»Wenn ich ihm wirklich *wichtig bin*, dann ruft er mich am Tag mehrmals an.«
»Wenn ich das Bad nicht putze, dann denkt sie wieder, dass ich sie *nicht liebe*.«
»Unsere *Beziehung ist gut*, wenn wir beide zur gleichen Zeit Lust aufeinander haben.«
»Sie hat nur dann wirkliches *Interesse* an mir, wenn sie sich alle Vorträge anhört, die ich in der Firma halte.«

Das alles kann keiner erfüllen und dazu hat auch niemand Lust, denn es gibt schon in unserem Berufsalltag genügend Bedingungen, die wir erfüllen und denen wir uns beugen müssen. Wir denken deshalb vielleicht: Wenn Liebe mit tausend Bedingungen verknüpft ist, dann lasse ich es lieber mit Beziehung. Ich habe nämlich bereits genug Aufgaben und genug zu tun.

Schade, oder? Wie wäre es, wenn wir aufhören würden, die Liebe mit Anforderung gleichzusetzen? Wenn wir wie die Kinder uns das holen, was wir brauchen, dann müssen wir nicht mehr fordern, warten und den anderen skeptisch beäugen, sondern wir nehmen unser Bedürfnis als etwas sehr Persönliches wahr und teilen es als solches mit. Kleine Kinder, die der Welt vertrauen und die in einer intakten und glücklichen Familie aufwachsen, holen sich ganz selbstbewusst das, was sie brauchen. Sie springen der Mutter auf den Schoß und »holen sich ein Küsschen«, um im nächsten Augenblick schon wieder fortzuspringen, um weiterzuspielen. »Papa, hast du ein Eis für mich?«, fragen sie und kaum hat man es ihnen in die Hand gedrückt, sind sie schon wieder auf dem Weg hinaus in den Garten.

Nun sollen Sie zwar nicht wie die Kinder »fortspringen«, aber zumindest ein bisschen von diesem kindlichen Vertrauen und Mut tut einer Partnerschaft unendlich gut. Sich unbefangen das zu holen, was man gerade braucht. Und falls Ihr Bedürfnis gerade nicht erfüllt werden kann, gibt es dafür vielleicht einen Grund oder eine bessere Zeit.

Glückliche Kinder können also sehr gut für ihre Bedürfnisse sorgen. Sie holen sich Liebe, Zuwendung, Verwöhnung. Im Laufe des Erwachsenwerdens wird diese Fähigkeit sehr oft verlernt. Das gilt für das Holen wie für das Annehmen. Wir stellen so viele Bedingungen, dass wir oft gar nicht mehr merken, wenn uns andere beschenken möchten.

Erwachsene Menschen, die nicht gut annehmen können, kennen meist nicht ihre eigenen Bedürfnisse. Es ist sehr schwierig, diesen Menschen etwas recht zu machen. Andere Menschen wiederum haben bereits in der Kindheit nicht lernen dürfen anzunehmen. Die Liebe der Mutter oder des Vaters war an Bedingungen geknüpft. Als Erwachsene fühlen sie sich dann häufig nicht »wertvoll« genug, um beschenkt zu werden, oder die Aufmerksamkeit beschämt sie und ruft Misstrauen hervor:

Was will der andere, indem er etwas gibt? Was ist die wahre Botschaft? Warum schenkt er, man hat es doch gar nicht verdient! Menschen, die auf diese Weise »klein gehalten« wurden, sind dann sehr oft von dem Glauben geprägt, etwas »stehe ihnen nicht zu«, oder es ist ihnen an Aufmerksamkeit zu viel. Wieder andere Menschen sind blind und taub für alle Angebote, die man ihnen macht. Sie kreisen wie Satelliten den ganzen Tag nur um sich selbst.

Alle diese Beispiele haben eines miteinander gemein: Wenn wir so denken und fühlen, dann können wir unmöglich mit Genuss und Freude das annehmen, was andere Menschen uns bieten. Wir erkennen nicht das Geschenk, sondern fühlen uns belastet oder nicht recht gewürdigt. Etwas strengt an und wir können uns nicht erholen. Die Aufmerksamkeit ist auf das Defizit gerichtet, auf das, was wir vom anderen erwarten, und wir fühlen einen Mangel oder eine Überforderung.

Wir können lernen, wie gesunde Kinder unsere Wünsche und Bedürfnisse zu artikulieren. Dies geschieht, indem wir zum Beispiel erkennen, dass wir Bedürfnisse haben, oder indem wir uns nach einer Unterstützung sehnen und die Wünsche nicht für uns behalten, sondern in Worte fassen oder unserem Partner auf andere Weise zeigen:

»Ich fühl mich allein, drück mich mal!«
»Bitte halte mich kurz! Ich möchte dich nur kurz spüren.«

Häufig lernen Menschen, die nicht annehmen können, die nicht schwach sein dürfen und die nicht um Hilfe bitten wollen, diese Fähigkeiten erst, wenn der Körper es ihnen signalisiert. Auf einmal ist das Leben wie ein Berg, der nicht zu bezwingen ist. Die Kräfte lassen nach, der Mut schwindet, sie werden krank und können erst jetzt nach ihren inneren Regeln »nein« oder »ja«, aber auch »bitte« und »danke« sagen. Sie werden zart, offen und zugänglich für den Teil in sich, der die

Hilfe von anderen Menschen braucht, der der eigenen Zuwendung bedarf und der sich anlehnen und ausruhen möchte.

> **Balance von Geben und Nehmen**

In einer Beziehung wird der Umgang mit dem Thema der Verantwortung immer neu bestimmt. Einmal wird sie von dem einen Partner getragen, ein andermal durch den anderen. Die Übernahme der Verantwortung zeigt sich flexibel. Mangelt es an dieser besonderen Flexibilität, wird die Beziehung starr und es beginnt »im Gebälk zu knarren«.

Je offener und wechselseitiger mit Verantwortung umgegangen wird, desto lebendiger und geschmeidiger bleibt die Beziehung und desto mehr können beide Partner lernen, auch voneinander.

Beantworten Sie folgende Fragen, um für sich zu klären, was für Sie Verantwortung zu übernehmen und Verantwortung abzugeben bedeutet:

Verantwortung übernehmen

- Wie, wann und wie häufig übernehmen Sie Verantwortung für den/die Partner/in?
- Was verbinden Sie mit Ihrer Rolle als Mutter oder Vater in einer Partnerschaft?
- Wie ist es für Sie als Partner, wenn Sie führen?
- Was wünschen Sie sich in Ihrer Sexualität? Möchten Sie häufiger führen oder verführt werden?

Verantwortung abgeben

- Wie signalisieren Sie Ihrem Partner, dass Sie verwöhnt werden möchten?
- Fällt es Ihnen leicht, ein Anlehnungsbedürfnis zu äußern?
- Wie genießen Sie, wenn Sie verwöhnt werden?

- Wie signalisieren Sie, wenn Sie für etwas zu schwach sind?
- Ist es Ihnen vertrauter zu führen oder sich führen zu lassen?
- Was wäre Ihr Wunsch an diese Rolle? Welches Bedürfnis möchten Sie noch mehr leben?

Spüren Sie den beiden Zuständen nach. Es ist etwas völlig anderes, ob wir Verantwortung übernehmen oder uns fallen lassen und uns unserem Partner anvertrauen. Beides ist eine Kunst und beides gehört in eine Beziehung, die pulsiert und lebt. Das Spiel, sich hinzugeben und dann wieder die Führung zu übernehmen, ist sehr reizvoll und belebt eine Beziehung ungemein. »Geben« heißt dabei nicht immer »männlich« oder »Boss« und »Nehmen« nicht immer »weiblich« oder »schwach« sein.

Wenn wir unserem Partner sagen, was wir wollen, sehnen wir uns tief in unserem Herzen oft nach etwas ganz anderem: Wir wollen wahrgenommen werden! Wir wünschen uns von unserem Partner, dass er uns mit Interesse, Achtung und Respekt gegenübertritt.

- Was bedeuten Ihnen die Werte »Achtung« und »Respekt«?
- Wie leben Sie »Geben« und »Nehmen« in Ihrer Beziehung?
- Wie zeigen Sie, dass Sie ein Angebot annehmen, und auf welche Weise lehnen Sie es ab?
- Was bedeutet für Sie »Vater« oder »Mutter«, also Sorgender sein, in einer Partnerbeziehung?
- Was heißt »bedürftig sein« in einer Partnerschaft?

All das wird wieder von unseren inneren Bildern gesteuert. Leider sind uns diese inneren Bilder oft nicht bewusst. Wir wissen oft nur: »Ich will nicht wie meine Mutter oder mein Vater sein«, wissen aber nicht, wie wir anders sein wollen. Hier könnte das neue Lernen beginnen, indem wir in unserer Fantasiewelt neue Bilder entstehen lassen, die eine gleichwertige Beziehung ermöglichen: Malen Sie ein gemeinsames Bild für Balance in »Geben« und »Nehmen«.

Tauschen Sie sich mit Ihrem Partner darüber aus und vergessen Sie bei diesem Gespräch das Lachen nicht. Zu lachen bedeutet feste Muster durchlässig zu machen und genau diese Fähigkeit können Sie im Moment sicher gut gebrauchen. Es geht um etwas Neues. Die bislang festen und starren Rollenmuster beginnen sich aufzulösen. Ab dem Moment, an dem wir mit Verantwortung und Fallenlassen so umgehen, als seien es die Spielbälle eines Jongleurs, kommt frischer Wind in die »alte Beziehungskiste«. Ein Jongleur, der uns nur mit einem Ball seine Kunst vorführt, ist langweilig.

Meist haben wir aber nur mit einem Ball jonglieren gelernt, das heißt, wir haben eine Rolle in unserer Kindheit gelebt und die andere nicht. Das bedeutet aber nicht, dass die Eltern oder sonst wer ein großes Problem hatten, sondern nur, dass wir eine Fähigkeit gelernt haben und eine andere nicht. Wenn wir zum Beispiel mehr gelernt haben, Verantwortung zu übernehmen, und damit gelernt haben, Kontrolle und Überblick zu haben, dann ist das eine Fähigkeit und nicht ein Problem. Was in diesem Fall nicht gelernt wurde, ist anzunehmen, schwach zu sein, nein zu sagen und zu genießen. Hier ist es wichtig, die Fähigkeit »Verantwortung übernehmen« zu würdigen und anzunehmen und das Nichtgelernte zu lernen. Es kann wirklich so einfach sein und es ist nicht unbedingt nötig, die Vergangenheit zu analysieren, sondern nur zu würdigen. Wenn ich Ski fahren will, muss ich Ski fahren lernen, und wenn ich Klavier spielen will, muss ich Klavier spielen lernen.

Was haben Sie eher gelernt und was nicht? Und wie wollen Sie die Balance von Geben und Nehmen lernen, um dadurch Ihre Partnerschaft zu bereichern?

4. Rolle: »Gleiche Ebene« – Resonanz im Miteinander-Sein und Miteinander-Tun

»Wer bin ich, wenn ich lache, spiele und humorvoll bin?«

Wenn wir lachen und uns ganz leicht fühlen, dann ist es so, als würden wir miteinander spielen wie die Kinder. Humor und Leichtigkeit in der Beziehung unterstützen uns verbal und nonverbal, alte Muster zu durchbrechen und unseren Partner immer wieder neu zu entdecken. Spaß und Freude sind ein guter »Traubenzucker« für Beziehungen, bei denen etwas die Energie verpufft ist.

Sich auf der gleichen Ebene zu begegnen birgt eine Menge Schätze in sich. Wir sind gleichermaßen verantwortlich für das Miteinander, wir bestimmen gemeinsam, wir spielen, lassen etwas gemeinsam entstehen und sind voller Humor und Lachen. Spielen ist in diesem Sinne das gelöste Zusammensein, das heitere Lachen und das Necken unseres Partners. Wir knuddeln uns im Bett, machen eine Kissenschlacht oder haben Spaß am Frühstückstisch. Unser Spieltrieb wird angeregt, wenn unser Partner »einsteigt« und mitmacht. Es ist ein Zauber, der in diesem Moment passiert. Wir spüren eine kribbelnde Energie.

> Miteinander zu spielen heißt neugierig aufeinander zu sein.

Miteinander zu spielen erleichtert die sexuelle Begegnung. Es ist nicht mehr »Programm«, wenn wir miteinander schlafen, sondern wir lachen zuvor gemeinsam, tollen miteinander und nehmen uns in den Arm. Ganz sacht und dennoch ganz deutlich verwandeln sich in diesem Augenblick die Rollen der spielenden Kinder in die von Mann und Frau.

In der Begegnung des Spielens vergessen wir für eine Weile die Alltagsproblematik, den vollen Schreibtisch und unsere

Kinder, die schlechte Schulnoten nach Hause bringen. Wir sind wie junge Kätzchen, die mit sich balgen und die sich miteinander spüren wollen. Die Anforderungen des Alltags lassen uns dieses Bedürfnis oft vergessen. Paare, die zudem Eltern sind und die sich diese spielerischen Freiräume bewusst nehmen, können auch mit den Kindern gut spielen. Um miteinander verspielt und glücklich zu sein, müssen wir auch Zeiten erleben, in denen wir tatsächlich glücklich und verspielt sind und in denen wir nicht über diverse Problematiken diskutieren.

Wenn wir als Eltern mit unseren Kindern spielen, bewegen wir uns in diesen vergnüglichen Momenten auf ein und derselben Ebene. Viele Mütter und Väter spielen allein deswegen gerne mit ihren Kindern, um endlich abschalten und sich selbst vergessen zu können. Es ist ein neugieriges Entdecken vom Anderssein. Wie wären unsere Partnerschaften, wenn wir unsere/n Partner/in jeden Tag wie ein Wunder neu entdecken würden?

Auch im Berufsleben finden wir die Rolle von Spiel und Leichtigkeit. Unsere Arbeit ist immer dann *spielerisch*, wenn wir die Teammitglieder in ihrer Andersartigkeit neugierig entdecken und jeder in seinem Aufgabenbereich ernst genommen wird. Dann sind Leichtigkeit und Spaß möglich und gemeinsame Ergebnisse werden sich als erfolgreich zeigen.

Das private und berufliche Miteinander bekommt eine neue Farbe, wenn wir das spielerische Element bewusst erleben. Das Miteinander mit unseren Partnern, unseren Kindern und im Beruf wird leicht. Die Beziehungen werden lebendig und Unternehmungen, Erlebnisse, Gespräche und Erfahrungen werden durch die Qualität des spielerischen Umgangs angereichert. Kreativität und kindlich sein heißt ausprobieren und in andere Rollen schlüpfen. Dies hat zur Folge, dass wir auch immer mal wieder einen anderen Blickwinkel einnehmen. Wir verändern unseren Fokus und bereichern dadurch unsere Beziehungen und unser eigenes Leben.

Durch das Zulassen von Humor und Spiel entsteht ein neues Bild: Beziehungen, in denen viel gelacht und gespielt wird, beschenken sich ständig mit neuen Möglichkeiten und Ideen. Sie und Ihr Partner können auf spielerische Weise Ihre Kräfte aneinander messen. Sie können Neues ausprobieren und sich immer wieder neu entdecken. Sie verbringen miteinander eine schöne Zeit, ohne Stress und Alltagsdruck. Es geht darum, neugierig und humorvoll die eigene innere Landkarte und die des Partners zu erkunden.

Beispiele für eine spielerische, humorvolle Beziehung

Agnes, 45 Jahre
»Wir waren an einem sonnigen Sonntag am See, um zu sonnen und zu baden. Unser Sohn hatte eine Luftmatratze dabei. Mein Mann und ich gingen schwimmen, ich nahm die Luftmatratze mit. Im Wasser entbrannte ein lustiger Kampf um dieses Teil. Jeder von uns beiden wollte auf ihr liegen. Wir schubsten uns, tauchten, lachten und prusteten. Ich kann mich gar nicht mehr erinnern, wann wir das letzte Mal so ausgelassen miteinander waren. Wir lachten unglaublich viel und nahmen uns immer wieder in die Arme. Als wir am Abend ins Bett gingen, hatten wir den besten Sex der letzten Jahre. Es war so intensiv, weil unsere Seelen schon vorher so in Berührung gekommen waren. Wenn wir jetzt die Luftmatratze sehen, dann grinsen wir uns immer verschwörerisch an.«

Klaus, 42 Jahre
»Was ich an ihr so mag, ist, dass wir gemeinsam so viel lachen können. Manchmal, wenn es im Büro wirklich sehr nervig ist und es mir an die Substanz zu gehen scheint, dann komme ich heim und wir witzeln miteinander herum. An diesen Tagen

geht es mir bald viel besser. Das Lachen ist entspannend und erlösend. Wenn es ein Problem gibt, das ich mit ihr teilen möchte, dann erzähle ich ihr davon, sie hört mir zu und sagt, was sie dazu denkt. Das ist dann auch sehr erleichternd. Sehr oft endet das dann auch in weitergesponnenen Geschichten und in einem befreienden Lachen.

Ich bin ein Zahlenmensch und arbeite in einer Bank. Einerseits hat der tägliche Umgang mit Zahlen eine spielerische Komponente, andererseits ist er auch manchmal ein wenig trocken. Davon zu erzählen ist schwer. Bilanzen erzählen sich am Abendbrottisch nicht spannend. Ich genieße es immer wieder, wenn es meiner Frau gelingt, mich aus meinen Gedanken herauszulocken. Sie geht auf mich zu, als sei ich unglaublich kreativ, und oft werde ich es dann auch. In kurzer Zeit vergesse ich meine beratende Aufgabe und wühle mit ihr wie ein Junge im Garten. Wir haben einen Teich angelegt und es macht uns eine irre Freude, die Fische darin zu beobachten und gemeinsam auszuhecken, was wir noch alles pflanzen und umbauen wollen.«

> Gemeinsam zu lachen, zu spielen, herumzutollen wie die Kinder ist ein Vitalbrunnen für die Beziehung.

Wie häufig nutzen Sie den »Vitalbrunnen« Lachen und Humor? Um das herauszufinden, beantworten Sie allein oder mit Ihrem Partner folgende Fragen:

- Wann haben Sie das letzte Mal gespielt? Mit wem war das?
- Wie viel Zeit nehmen Sie sich, um mit anderen etwas zu genießen?
- Wann und worüber lachen Sie mit Ihrem Partner besonders oft und gerne?
- Wann sind Sie ganz in eine Sache versunken?
- Welche Situationen erträumen Sie sich mit Ihrem Partner abseits von aller Tagesplanung?

- Mit welchen Gesten und Worten kann Sie Ihr Partner in ein humorvolles Hier und Jetzt locken?
- Auf welche Weise bringen Sie Ihren Partner zum Lachen?

Was kann Ihnen helfen, den spielerischen Aspekt der Beziehung mehr zu leben und zu genießen? Sie können zum Beispiel

- sehr bewusst beobachten, wenn Sie Leichtigkeit leben, und diese dann noch ein wenig mehr auskosten und zulassen,
- über das Anderssein lachen,
- spielerische Momente einplanen, indem Sie etwa ein Picknick veranstalten, sich gemeinsam in die Badewanne legen oder einfach mit einer Decke in den Park,
- die Geschenke der Jahreszeiten in der Natur bewusst genießen,
- versuchen, bewusst den Spaß in Ihr Leben zu integrieren, indem Sie vielleicht mit Ihrem Partner Kuschelstunden im Bett einplanen, in denen Sie sich gegenseitig etwas Schönes vorlesen,
- sich Vorbilder suchen,
- entdecken, wann Sie kreativ sind und welche Bedingungen dafür günstig sind,
- sich Möglichkeiten für Freiheit und Kreativität schaffen,
- ein gemeinsames Bild, eine Melodie, einen Duft für »Spielen« finden.

Am Anfang einer Liebe lachen wir viel. Wir überraschen uns mit vielen Kleinigkeiten, machen Späße und suchen miteinander Zeitvertreib und Genuss. Dann kommt der Beziehungsalltag und wir vergessen diese unbeschwerte Zeit. Andere Dinge bekommen Vorrang. Etwas fehlt, wir spüren es, aber wir können es nicht mehr benennen. Über den Druck der Anforderungen vergessen wir, welch ein großes Bedürfnis es uns einmal war, mit dem anderen zusammen zu sein. Viele Menschen merken erst, wie wichtig ihnen der andere war, wenn es zu einer Trennung kommt, oder der Partner gestorben ist. Sie erinnern sich dann an die Heiterkeit und das Vergnügen, die sie mit dem anderen hatten, und sie spüren, dass es da ein Bedürfnis nach dieser Form der Nähe gibt.

Auch dauerhaftes Spielen will gelernt sein. Zu schnell glauben wir, uns so oder so Zeit für uns zu nehmen, oder wir lassen »wichtigeren Angelegenheiten« den Vortritt. Wir müssen achtsam sein, dass wir in unserer Beziehung die Qualität der Leichtigkeit und des Humors nicht verlieren.

Mit den Jahren wurde für mich immer deutlicher, dass viele Paare auf die psychologische Begleitung in einer Krise verzichten könnten, würden sie nur lernen, sich auch wieder als Kinder zu erleben. Kinder glauben an den anderen und schenken offen ihre Zuneigung. Sie holen sich ihre Küsschen und überschütten den, den sie lieben, mit Aufmerksamkeit und ungefilterter Zuneigung. Sie warten nicht, bis es ihnen schlecht geht, sondern sorgen für sich auf eine sehr natürliche und ungezwungene Weise. Es ist eine gesunde, kindliche Liebe, die unseren Partnerschaften oft fehlt. Sich darauf zu besinnen und dieser Qualität ein neues Leben einzuhauchen ist ein erster Schritt in einen neuen, verspielten Anfang miteinander. Spielen heißt miteinander entdecken, etwas miteinander tun, sich auf den Weg machen und neugierig sein. Das kann in der Sexualität sein, im Wald, im eigenen Garten oder in einem Hobby, das wir gemeinsam und im Austausch leben.

5. Rolle: »Umfeld« – Resonanz mit dem Umfeld außerhalb der Partnerschaft

»Wer bin ich im Mitgestalten meines Umfeldes?«

Wir leben nicht allein auf dieser Welt. Auch nicht als Paar. Wir sind ein Teil des Ganzen. Wir leben gemeinsam und doch jeder für sich. Wir können gemeinsam lachen und dennoch lacht jeder in sich. Wenn ein Mensch weint, so können wir Mitgefühl entwickeln und manchmal die Gefühle des anderen tatsächlich spüren. Manchmal sind wir zu nah, sogar in den anderen »verstrickt«, ein andermal zu distanziert und mit uns selbst beschäftigt.

Auch die Natur gehört zum Umfeld und beeinflusst unsere Beziehungen. Die Elemente, die Bäume, Blumen, die Steine, die Luft, das Wasser, die Erde, all das kann unsere Partnerschaften bereichern, wenn wir die Geschenke, die uns von dort gereicht werden, annehmen können.

Ein 82-jähriger Mann schrieb mir: Wenn ich noch einmal leben würde, würde ich anders leben. Ich würde mehr Zeit haben, am Bach zu sitzen und zu lauschen, ich würde mehr Zeit haben, den Sternenhimmel zu betrachten, oder beim Baum verweilen und seine Ruhe spüren ...

Die Natur hält viele Gleichnisse für uns bereit, zum Beispiel das Gleichnis für Resonanz und gleichwertige Beziehungen: Ein Baum steht mit anderen und bleibt aber immer ein Baum. Das Fremde bleibt an ihm nicht haften und er möchte nicht wie der andere sein. Als Paar sind wir im Verbund mit anderen. Wir haben Familien, Arbeitskollegen, Freundeskreise, leben in einer Gemeinde, haben ein *Umfeld*. In Krisenzeiten, wie zum Beispiel bei Hoch-

> **Die schönen Dinge im Leben sind umsonst.**

wasserkatastrophen, rücken wir zusammen und helfen einander. Menschen, die schon seit Jahren Tür an Tür leben, kommen dann ins Gespräch und erleben ein ganz neues, intensives Miteinander. Sie begegnen sich und sagen danach: »Das hätte ich nie gedacht, dass der andere so hilfreich ist!« Auch Straßenfeste, die immer mehr in Mode kommen, sind eine wunderbare Gelegenheit, einander auf eine neue Weise zu begegnen. Wer wohnt denn alles in der Straße? Wer organisiert? Wer trägt was bei? Nach einem Straßenfest winken sich Nachbarn zu, Vorurteile und andere Barrikaden sind wie weggepustet.

Eine Bekannte erzählte mir, dass sie auf einem Straßenfest feststellen durfte, dass ihr Nachbar gar nicht zornig auf sie ist. Zwölf Jahre lang hatte sie gemeint, er wäre wütend auf sie, da sie sich damals über Lärm beschwert hatte. Auf der Straße war sie diesem Nachbarn immer aus dem Weg gegangen. Nun auf dem Straßenfest kam heraus, dass der Nachbar es noch heute »ganz toll« fand, dass diese Frau damals zu ihrem Bedürfnis gestanden hatte. »Da bin ich dir ja zwölf Jahre völlig umsonst aus dem Weg gegangen«, lachte sie erleichtert. Allerdings! Und wie gut, dass es dieses Straßenfest mit seiner Musik, dem guten Essen, der Freude und dem Näherrücken gab – es wären sonst vielleicht noch weitere zwölf Jahre ohne Herzlichkeit ins Land gegangen.

Feste, soziales Engagement, kirchliche Tätigkeiten, Mithilfe im Verein sind nicht nur für die Gemeinschaft eine Wohltat, sondern lassen das Paar sich auch als Paar wieder auf neue Weise erleben. Andere wichtige Aspekte werden hier gelebt, die die Beziehung erfrischen und die ihr neue Nahrung geben.

Wie eingebunden und verbunden fühlen Sie sich, allein und mit Ihrem Partner? Alles, was um uns lebt, steht mit uns in einem Verhältnis einer Verbindung. Wie gehen wir damit um? Was wünschen wir uns von diesem Aspekt unseres Lebens? Sind wir zufrieden mit dem, was wir haben, oder darf es vielleicht ein »bisschen mehr« sein?

Manche Partner suchen nicht so sehr den Kontakt mit anderen und wollen lieber zu Hause, mit sich sein. Andere wiederum wünschen sich sehr viel Gemeinsamkeit mit der Familie, und wieder andere sind glücklich, wenn ihnen die Verwandtschaft »vom Leibe« bleibt. Es gibt Menschen, die gerne mit der Nachbarschaft ein verbindliches Miteinander haben, andere leben am liebsten anonym und möchten sich nicht am Gemeindeleben beteiligen.

Wer sich mit der Welt verbindet, gestaltet Leben mit und übernimmt zugleich Verantwortung in einem größeren Zusammenhang. Paare, die Kontakt mit ihrem Umfeld haben und sich nicht immer nur auf sich selbst zurückziehen, öffnen sich dadurch auch immer wieder für neue und andere Sichtweisen. Die Partnerschaft wird durch diese Impulse belebt und bereichert. Es ist dabei nicht die Quantität der Kontakte entscheidend, sondern die Qualität.

Wenn wir uns selbst betrachten, können wir den Wunsch fühlen, mit anderen und gleichzeitig selbst sein zu wollen. Wir wollen uns in Gemeinschaft bewegen und mitfühlen, aber uns nicht in der Gemeinschaft verlieren. Wieder geht es hier um Resonanz, die uns frei *und* gemeinsam sein lässt – wir spüren uns und sind gleichzeitig mit dem Umfeld verbunden. Denken Sie kurz an Ihren Lieblingsplatz in der Natur: Sie sind ganz Sie selbst und fühlen sich gleichzeitig ganz eingebettet in ein großes Ganzes. Die Sehnsucht in uns ist, ähnliche harmonische Gefühle in unseren Beziehungen spüren zu können.

Beispiele für einen erfüllten Umgang mit der Rolle »Umfeld«

Frank, 37 Jahre
»Als unsere Kinder noch sehr klein waren, da gab es für uns nur Familie. Wir gingen wenig aus und hatten auch wenig Besuch. Jetzt sind wir umgezogen und haben ein buntes und reges

nachbarschaftliches Umfeld. Es ist sehr schön, uns darin zu erleben. Nicht nur ich, auch meine Frau blüht durch diese Kontakte auf. Wir genießen nach wie vor unser Zuhause und haben jetzt eine neue Dimension dazugewonnen. Wenn ich sie auf gemeinsamen Festen sehe und lachen höre, dann verliebe ich mich immer wieder neu in sie. Meine Frau ist wunderbar und sehr hübsch!«

Martha, 40 Jahre
»Ich brauche die Gemeinschaft, um unser Alleinsein richtig zu leben. Mit Martin oder auch alleine auszugehen, unter Leuten zu sein macht mir das Nachhausekommen kostbar. Wir tauschen uns aus, unterhalten uns über das, was wir erlebten, und lernen uns auf diese Weise immer wieder neu kennen. Was immer sich auch verändert, wir sind im Gespräch, und ich glaube, dadurch werden wir uns auch so schnell nicht verlieren – es bleibt dieses ›Kribbeln und Knistern‹ in unserer Beziehung.«

Otto, 52 Jahre
»Wir haben einen großen Freundeskreis, das ist uns beiden ganz wichtig. An den Wochenenden und an den Abenden unternehmen wir gemeinsame Dinge. Für mich ist es dann schön, meine Frau zu beobachten, wie sie mit den anderen Menschen redet, denn ich entdecke auf diese Weise immer neue Seiten an ihr. Für mich erweitern gemeinsame Freunde den Horizont einer Beziehung. Wenn meine Frau sich mit einer Freundin trifft und zurückkommt, dann spüre ich häufig, dass ihr das gut getan hat. Sie erzählt mir, was sie erlebt hat, und über das Erzählen haben wir gemeinsam noch mal Spaß daran.«

Astrid, 37 Jahre
»Wir haben beide viele Freunde. Auch unsere beiden Familien wohnen in dieser Stadt. Ich mag das. An den Wochenenden und unter der Woche schaut immer mal wieder jemand einfach

so auf eine Tasse Kaffee herein. Wir freuen uns darüber dann immer sehr und nehmen uns auch Zeit. Ich versuche den Menschen in meinem Leben Vorrang zu geben, nicht den Dingen, und mein Partner sieht das ähnlich. Wir werden auch viel gemeinsam eingeladen und genießen es, zusammen auszugehen. Ich lebe sehr gerne in Gemeinschaft und bin froh, dass wir hier so eingebunden leben. Wir haben allerdings gelernt, darauf zu achten, dass unsere Zeit zu zweit erhalten bleibt und unsere Freunde das auch gut verstehen können.«

Fragen, die Ihnen helfen, Ihre Rolle »Umfeld« weiter zu entdecken:

- Welche Kontakte haben Sie außerhalb Ihrer Familie?
- Wie sind die Beziehungen zu Ihren Verwandten? Wie oft möchten Sie Kontakt mit ihnen?
- Glauben Sie, dass Sie Einfluss auf die Gestaltung Ihrer Umwelt haben? Wenn ja, in welcher Form?
- Sind Sie politisch engagiert oder in einer Interessengemeinschaft tätig?
- Was ist Ihnen mit Freunden wichtig?
- Welches Verhältnis haben Sie zur Natur?
- Was wünschen Sie sich für die Zukunft für diese Rolle? Was möchten Sie verändern?

Jeder Partner kann diese Fragen allein beantworten und anschließend sollten gemeinsame Möglichkeiten gefunden werden, sodass sich beide Partner wohl fühlen.
    Finden Sie ein gemeinsames Bild, eine gemeinsame Melodie und einen gemeinsamen Duft, die Freude an Gemeinsamkeiten im Umfeld wach werden lassen.

Mit anderen zu sein, die Freude der Gemeinsamkeit zu spüren und zu teilen zeigt uns und unserer Beziehung ihren Platz in der

Gemeinschaft und der Welt. Andere Menschen sind ein Spiegel für uns. Sie spiegeln uns wider, was wir gut können, woran sich andere erfreuen, und auch, wo es noch Komunikationsschwächen und Missverständnisse gibt. Mit anderen zu sein ist für die persönliche Weiterentwicklung nahezu unerlässlich. Allein auf einer Insel lernen wir in Bezug auf unser Sozialverhalten nicht viel hinzu und als Paar gehen wir uns schon bald entsetzlich auf die Nerven. Es mangelt dann an der Bereicherung, die nur andere Menschen uns schenken können.

Alte Rollen – neue Rollen

Als Kind werden wir in eine Familie geboren, wo bereits ein System mit Rollenvorgaben und Regeln besteht. Hier hat das Kind keine Wahl, es muss sich in diese Gegebenheiten einfügen und selbst Rollen und Regeln übernehmen. So lernen wir einiges und einiges nicht. Das heißt aber nicht, dass jemand »schuld« ist, sondern einfach, dass wir einiges nicht gelernt haben und das Nichtgelernte jederzeit nachholen können. Es ist wie beim Klavierspielen und Skifahren. Wenn wir uns entscheiden, dann können wir alles lernen.

Als Kind brauchen wir die Eltern, sie sind für uns existenzwichtig, darum versuchen wir alles, die Eltern zu erreichen und es ihnen recht zu machen. Jedes Kind findet schnell den besten und effektivsten Weg, wie es die Aufmerksamkeit der Eltern erreichen kann. Manche Eltern reagieren, wenn sich das Kind *zurückzieht,* und versuchen es wieder hierher zu holen. Manche bemerken ihre Kinder, wenn sie *brav* alles machen, sodass die Eltern auf sie stolz sein können. Klappt das nicht, werden sie krank und bekommen dadurch die Aufmerksamkeit der Eltern. Wieder andere übernehmen voll Aufgaben, weil die Mutter selbst zu schwach ist, und lernen sehr früh *Verantwortung zu übernehmen*. Andere wieder werden *laut* und *aggressiv* gegen sich selbst oder andere und hoffen dadurch ihre Eltern zu erreichen.

Diese gelernten Verhaltensweisen sind sehr stabil und werden als Erwachsene weitergelebt. Wir denken uns olympiareife Tricks aus, um die Aufmerksamkeit zu erlangen. Dies läuft allerdings unbewusst und versteckt ab. Das Bewusstmachen und Würdigen dieser Verhaltensmuster hilft zu erkennen, was wir gut können und was wir noch dazulernen können.

So haben zum Beispiel jene, die Verantwortung für die Mutter übernommen haben, nicht gelernt zu spielen, humorvoll zu sein, schwach zu sein und mit Leichtigkeit Dinge zu nehmen und zu genießen. Sie haben die Rollen »Individuum«, »Frau/Mann« und »Gleiche Ebene« nicht gelernt.

Ein braves Kind dagegen hat nicht gelernt, Verantwortung zu übernehmen und Frau beziehungsweise Mann zu sein, kann aber spielen, schwach sein und gut delegieren.

Die »Zurückzieher« können gut allein sein und können alle anderen Rollen dazulernen, um ihr Leben zu bereichern.

Die »Aggressiven« leben die unterdrückten Gefühle der Eltern und kennen ihre eigene Resonanz und ihre eigenen Rollen nicht.

Wenn wir eine Krise in unserer Beziehung erleben, sind wir oft hilflos. »Es war doch früher so schön, warum verstehen wir uns jetzt nicht mehr?«, fragen wir uns wehmütig. Wir wollen uns nicht trennen und wissen auch, dass wir dafür etwas verändern sollten. Nur was? Vieles, was für eine Beziehung wichtig ist, haben wir nicht gelernt. Bestimmte Rollen haben wir nicht gelernt, oder wir sind gerade dabei, sie zu entdecken. Wie wir die Rollen für uns definieren, ist abhängig von unseren inneren Überzeugungen, un-

> **Jeder kann für sich neue Rollen finden und gestalten.**

seren Werten und von unserem Verhalten. In jeder Partnerschaft sollte das Rollenverständnis immer wieder neu entwickelt oder angeglichen werden. Welche Vision, welche Vorstellung habe ich von jeder einzelnen Rolle? Wie verhalte ich mich als Frau, als Mutter, als Mann und als Vater?

Erstmals leben wir in einer Zeit, die es uns erlaubt, ganz persönlich Rollen zu definieren. Das ist ganz wichtig zu realisieren. Alle früheren Vorstellungen der Rollen haben sich überholt, wollen nicht mehr gelebt werden oder können es gar nicht mehr, da sich unsere Zeit verändert hat. Es muss die Uhr nicht 100 Jahre zurückgedreht werden, um in eine Zeit zu blicken, in der es ganz klare Rollenverständnisse gab: dass Männer für ihre Familien sorgen und die Frauen die Arbeit im Haus und das Großziehen der Kinder übernehmen. Die Werte der Männer waren für die Familie entscheidend und die Frauen mussten sich da hineinfügen.

Erstmalig können nun in Familie *und* Partnerschaft die Werte der Männer und der Frauen gelebt werden. Wir wissen nur nicht, wie wir das tun sollen, ohne dauernd in Machtkämpfe zu geraten. Es besteht eine große Hilflosigkeit, die nicht nur durch das Analysieren der Vergangenheit gelöst werden kann. Wir könnten den Schmerz, der von Generationen in uns ist, loslassen und dann ganz neue Möglichkeiten für ein gleichwertiges Zusammenleben finden. Wir sind aber davon weit entfernt und können mit der »Freiheit« nicht umgehen.

Schauen wir uns unsere heutige Zeit an, sehen wir viele getrennte Familien, die gewollt oder ungewollt nicht mehr von Vätern versorgt werden. Männer sehen sich als Teil einer Beziehung und nicht als ihren Vorstand. Frauen tragen heute Verantwortung sowohl für Einkommen als auch für Kinder und Haushalt und sind selbstbewusst und eigenverantwortlich ein Teil der Gesellschaft.

Wie gesagt: Das Rollenverständnis unserer Großeltern und Eltern hat sich überlebt. Es ist alt, wir können und wollen es heute nicht mehr leben. Jedoch: Die neuen Rollenbilder gibt es noch nicht. Wir können uns an nichts anlehnen, haben keine Vorbilder in der Vergangenheit und müssen selbst herausfinden, was uns wichtig ist und was nicht. Wir müssen ausprobieren, diskutieren und immer wieder verändern. Die neuen Rollenbilder werden von uns gerade »gebacken«. Kein Wunder, dass wir oft nicht wissen, wo es mit uns eigentlich »langgeht«.

Es sind nur fünf zentrale Rollen – und jede Rolle hat eine andere Gefühlsqualität. Da wir nicht gelernt haben, mit Gefühlen umzugehen, gibt es ein Chaos von Gefühlen. Die schmerzhafteste Vermischung findet in der Mann/Frau-Mutter/Vater-Rolle statt.

Ein Beispiel:

Ein 13-jähriges Mädchen bittet um Hilfe, sie kann die Nähe ihres Vaters nicht ertragen. Folgendes Gefühlschaos, das ganz häufig vorkommt, hat zu diesem Schmerz geführt: Ein Vater ist in seine Tochter verliebt und verwechselt diese intensiven Gefühle mit »Mann«-Gefühlen. Das heißt, er betrachtet seine Tochter als Mann, worauf sie Ekelgefühle ihrem Vater gegenüber verspürt und nicht mehr in seine Nähe will. Ein schmerzhaftes Chaos. Wenn der Vater seine Tochter mit der gleichen Intensität als »Vater« betrachtet, wird die Tochter gerne mit ihm sein und es ist ihr jedes Zusammensein angenehm.

Ein anderer Aspekt kommt noch dazu: Dieses Gefühlschaos läuft unbewusst ab und so hat in dieser Konstellation eigentlich jeder ein schlechtes Gewissen. Der Vater geht seiner Frau aus dem Weg, weil er ja die »Mann«-Gefühle der Tochter gegenüber verspürt. Die Tochter lernt, dass Intensität verboten ist, und wird sich später Partner suchen, bei denen sie nur »die Zweite« ist und andere Frauen, Computer oder irgendwelche intensive Beschäftigungen immer wieder Vorrang haben.

Wichtig ist, dass hier kein Missbrauch passiert ist, sondern nur durch dieses Gefühlschaos sich oft alle gegeneinander anschreien und runtermachen.

Hier wird deutlich, wie viel Erleichterung eine Klarheit in den Rollen und damit in den Gefühlen bringen kann. Im obigen Beispiel ist niemand schuld und niemand hat ein Problem, bei dem eine Analyse wirklich hilft, sondern die Eltern brauchen nur ihre Rollen lernen und sie als »Frau/Mann« zu leben.

Als Mutter kümmern wir uns vielleicht sehr liebevoll um unser Kind und verstehen nicht, warum unser Partner sich abwendet, wenn wir ihn genauso liebevoll fragen, ob er auch noch Nachtisch möchte. Diese Rolle drückt sich in der Stimme aus, im Blick, in der Körperhaltung, ja, unsere ganze Aura ist davon geprägt. Wir wirken dann »mütterlich«. Wenn wir aber nicht wissen, wie wir wirken und ob wir das überhaupt so wollen, steht Verwirrung auf dem Programm.

Fast so, als käme ein Schauspieler des Abends aus dem Theater heim und würde immer noch den Hamlet geben, nur weil er nicht registriert, dass die »Kulisse« sich längst gewandelt hat. Können Sie sich die Reaktionen seiner Frau vorstellen – oder haben Sie gar selbst schon mal einen »Hamlet« in der Wohnstube begrüßt? Vermutlich ist es eine Haltung, die sich zwischen genervt, enttäuscht und wütend sein bewegt. Warum diese wütenden Gefühle überhaupt auftauchen, ist uns jedoch häufig nicht bewusst.

> **Klarheit in den Rollen ist das A und O für eine jede harmonische Beziehung.**

Unser Leben ändert sich mit jedem Tag. Wir sammeln Erfahrungen, Eindrücke, sind in einem bestimmten Lebenszyklus. Mit diesen Veränderungen wandelt sich auch die Qualität der Rollen. Da wir aber nicht gelernt haben, mit den verschiedenen Gefühlen umzugehen, finden wir uns häufig in einem ungewollten Gefühlschaos wieder. Wenn wir und/oder unser Partner nicht wissen, in welcher Rolle wir uns gerade befinden, können sehr schnell und ungewollt zwei unterschiedliche Rollen miteinander kollidieren. Keiner weiß genau, was los ist, aber der Haussegen hängt dennoch schief. Ich versuche Ihnen das am besten an einem Beispiel zu erklären.

Nehmen wir einmal an, Herr B. kommt abends nach Hause und begrüßt seine Frau mit den Worten »Gibt's etwas Leckeres zu essen?«.

Tritt er in der Rolle »Hierarchie« (Aufgabenteilung Geben – Nehmen) in die Tür und seine Frau ist mehr in der Rolle »Umfeld« orientiert, kann es sein, dass sie ihm sofort den Vorschlag unterbreitet, mit Freunden in ein Restaurant zu gehen. Er fühlt sich nun getäuscht, dachte er doch, dass sie die Aufgabe »Abendessen zubereiten« übernommen hat. Es kann auch sein, dass Frau B. mürrisch und schlecht gelaunt wird, weil sie allein bei seiner Frage die Last der Verantwortung spürt, und zwar die einer Mutter. In dem Fall ist es möglich, dass Herr B. nun seinerseits sauer wird, weil sie ihn mal wieder »wie einen kleinen Jungen« behandelt und sie überhaupt genau denselben Tonfall wie seine eigene Mutter hat.

Wie wird Herr B. aber auftreten, wenn er bereits in der Rolle »Mann« nach Hause kommt und seine Frau ihn als »Frau« begrüßt? Wie wird seine Frage klingen? Möglicherweise nicht nur hungrig, sondern sehr verheißungsvoll!

Lassen wir die beiden deswegen lieber mit sich allein und kümmern wir uns darum, was wir tun können, um die Rollen voneinander klar abzugrenzen. Das ist nicht immer leicht, ich weiß, denn die Rollen wechseln ständig. Wir »switchen« von der einen in die andere und jede Rolle ist mit einem bestimmten Lebensgefühl gekoppelt, das manchmal klar, häufig aber unklar ist.

Wir möchten »Gefühle« leben, aber da wir nicht wissen, um welches Gefühl es sich gerade handelt beziehungsweise zu welcher Rolle es gehört, kommen nicht nur wir, sondern auch die Menschen um uns herum zuweilen ein wenig durcheinander. Es sei denn, wir fragen nach.

Ina, 37 Jahre
»Vor ein paar Tagen saß ich auf der Couch und war ziemlich mies gelaunt. Alles klappte nicht so, wie ich wollte. Außerdem war ich auf meine Mutter sauer, die sich – wie ich fand – bei ihrem Besuch unmöglich benommen hatte. Ich heulte leise vor mich hin. Da kam mein Mann, nahm mich in den Arm und ich jammerte mich bei ihm ein bisschen aus. Beklagte mich und heulte auch noch ein wenig. Auf einmal blickt er mir ganz liebevoll in die Augen und fragt: › Sag mal, wie alt bist du denn gerade?‹ Erst stutzte ich und wusste nicht genau, was er meinte. Dann kam ich drauf, dass er meinen inneren Zustand wissen wollte. Ich fühlte in mich hinein und in der Tat fühlte ich mich keinen Tag älter als acht Jahre. Da hatte mich meine Mutter nämlich auch mal so behandelt und die alte Wut hatte sich gemeldet. Lachend erzählte ich ihm davon und er nahm mich auf seinen Schoß und tröstete das kleine Mädchen noch ein wenig. Das war so wohltuend!«

Wenn wir wissen, dass wir gerade in einer anderen Rolle sind, können wir sie ausleben und auch wieder damit aufhören, wenn sie nicht mehr passt. Vielen tut es gut, wenn der Partner bei dieser Klärung hilft. Wenn die Frage nach dem Alter wie im Beispiel von Ina liebevoll und fürsorglich gestellt wird, tut sie sehr gut. Ein vorwurfsvoller Ton hingegen löst Aggressionen aus. Zu wissen, wie man gerade fühlt, in welcher Rolle man sich befindet, hilft die eigenen Bedürfnisse besser zu formulieren. Wir wissen dann, was wir brauchen, damit es uns besser geht.

Auch in einer Beziehung dürfen wir manchmal Kind sein und unser Partner ist manchmal Vater oder Mutter für uns. Sind wir in diesen Rollen klar, wissen wir aber auch, wann wir wieder in eine andere Rolle gehen sollten, wann es »genug« ist.

Wir reagieren ständig auf unser Umfeld, bewusst oder unbewusst. Wir zucken mit den Augenbrauen, sagen etwas, brüllen unseren Protest hinaus, ziehen uns in uns zurück, werden klein oder sehr »schmusig« etc. Selbst wenn wir gar nichts sagen, ist dies eine Form von Reaktion. Man kann mit Schweigen schmerzlich gestraft werden oder es kann ein Zeichen für Verständnis sein. Seine Wirkung zu kennen ist besonders bei Streit in der Beziehung sehr wertvoll. Eigentlich geht es immer darum, dass wir nicht fähig sind, das zu äußern und zu leben, was im Moment unsere Sehnsucht wäre.

> Es ist nicht möglich, nicht »in einer Rolle zu sein«.

Je genauer wir als Partner unsere jeweilige Rolle kennen, desto höher wird der »Streitwert«. Es geht uns dann nämlich um die Sache selbst, um eine Klärung und wir verstricken uns nicht in Nebenschauplätzen wie Rollen, die gerade aneinander vorbeileben. Wir registrieren, in welcher Haut und welchem Gefühl wir gerade leben, und können dieses sofort verändern, wenn wir merken, dass es in diesem Moment nicht passt.

Werden die einzelnen Rollen und die dazugehörigen Gefühle klar voneinander abgegrenzt und ausgelebt und lassen wir ihnen den Raum, den sie brauchen, dann stellt sich in uns das wunderbare Gefühl der Selbstverwirklichung beziehungsweise Resonanz ein. Wir können und dürfen dann *sein*. In unserem Alltag zeigt sich das in einem Ausdruck von Zeit und Gelassenheit. Wir sind nicht mehr so gehetzt, weil wir viel stärker in uns ruhen und uns darauf verlassen können, dass wir für unser Wohlergehen sorgen.

Auch wenn es Ihnen auf Anhieb nicht plausibel erscheint: Der Eindruck von zu wenig Zeit oder Druck entsteht besonders häufig dann, wenn wir Rollen unklar leben. Ohne dass es uns bewusst ist, sind wir dann nämlich mit unseren Gedanken ständig woanders als in der realen Situation. Wir werden von einem Gefühlsdurcheinander beherrscht, weil wir mit den Rollen tricksen und taktieren, ohne dass *wir* auf dem Regiestuhl sitzen. Die Rollen haben dann das Drehbuch übernommen und wir werden zu einer kleinen Marionette. Kein schönes Bild, aber, das ist die frohe Kunde: Kaum haben wir wie Ina unsere Rolle erspürt, können wir sie auch verändern, wenn wir wollen.

Vielleicht kommen uns anfänglich die Tränen, aber es ist auch gut möglich, dass wir ganz spontan lachen, kreativ diskutieren, malen, schmusen, miteinander tanzen – wenn wir die Rollen in uns neu definieren möchten, darf das auf jeden Fall spielerisch und mit Freude geschehen.

Wie schon gesagt: Mit den Rollen sind »Spiele« und Verhaltensweisen verbunden. Sind diese erkannt, können sie durchbrochen werden. Dies ist in der Partnerschaft am angenehmsten und leichtesten, wenn es mit Humor vor sich geht. Eine Möglichkeit ist, die angebotene oder gewünschte Rolle nachzuspielen und/oder übertrieben ins Spiel einzusteigen. Erst dann kann überlegt werden, welche Rolle und welche Gefühle wirklich im Moment angebracht und wünschenswert sind.

Wir haben »alles«, aber es fehlt uns trotzdem »etwas«

Jeder Mensch kann die fünf Rollen lernen und für sich persönlich definieren. Die Ausprägung der Rollen ist individuell und verschieden in Bezug auf die Fähigkeiten, Werte und inneren Regeln: Nicht jeder hat den gleichen Spieltrieb, nicht jeder die gleiche Moral oder ein gleich stark ausgeprägtes Verantwortungsgefühl. Wir können uns gehemmt verhalten, überdreht oder motiviert.

Ist eine der Rollen kaum vorhanden, kann sich das darin ausdrücken, dass wir uns verletzt fühlen und nicht richtig verstanden. Wir spüren dann eine Sehnsucht, ein Ziehen in unserer Brust und wissen nicht genau, warum. Wenn wir in unserem Beruf oder in der Partnerschaft dauerhaft eine Rolle komplett ausgrenzen müssen, fühlen wir uns vielleicht auf eine gewisse Weise in unserem Können, in unserer Leistung und in unserer Person nicht gewürdigt oder gar am »falschen Platz«.

Es ist sinnvoll, hin und wieder den Lebensrahmen abzustecken, das heißt immer wieder genau zu untersuchen, welche Rollen wir leben und wo eventuell die eine oder andere fehlt oder wieder neu gefunden werden muss.

Die fünf Rollen können wir uns als Luftballons vorstellen. Wir können in sie Luft hineinpusten, damit sie größer werden, oder Luft rauslassen, wenn wir das Gefühl haben, ein Ballon ist bereits so prall, dass er gleich platzt. Manche Ballons baumeln auch ganz schrumplig in der Luft. Sie sind schon so gut wie gar nicht mehr da. Möglicherweise müssen wir uns bevorzugt um sie kümmern und sie mit »frischem Sauerstoff« versorgen.

> **Jedes Paar füllt die eigenen Rollen mit Leben.**

Luftballon-Übung: Finden Sie die eigene Rollenbalance

Ich möchte Sie dazu einladen, die fünf Rollen in Beziehungen für sich selbst zu entdecken. Alles, was Sie hierfür benötigen, sind Malfarben, ein Blatt Papier und etwas Zeit und Ruhe.

Stellen Sie sich vor, Sie wären ein Ballonverkäufer auf dem Jahrmarkt. Sie haben allerdings nur fünf Ballons in der Hand und diese sind möglicherweise auch noch unterschiedlich groß. Es handelt sich dabei um Ihre fünf bunten Rollen-Luftballons. Aufgabe ist es, diese Ballons nun in der Relation zu zeichnen, wie Sie sie gerade leben. Die Übung unterstützt Sie darin, Ihre persönliche Rollenbalance zu finden.

Jedem Ballon ist also eine Rolle zugeordnet. Zeichnen Sie ihn so groß auf das Blatt, wie es für Sie richtig erscheint. Nun geht es darum, ihn farblich oder mit einem Muster zu gestalten. Vielleicht möchten Sie auch etwas hineinschreiben oder Symbole verwenden. Es kann sein, dass einzelne Worte oder Gefühle sich melden sowie Farben, Bilder, längst vergangene Träume oder auch Regeln, die Sie sich selbst einst aufstellten. Manche Menschen verbinden auch einen bestimmten Duft mit einer Rolle.

Verleihen Sie diesen Emotionen und Gedanken innerhalb des Ballons einen Ausdruck. Sie können frei assoziieren und sich überraschen lassen von dem, was sich in Ihnen entwickelt. Wenden Sie sich nach und nach allen fünf Rollen zu.

Es kann sein, dass ein Luftballon sehr groß ist, ein anderer unverhältnismäßig klein. Vielleicht sind auch alle ähnlich groß oder ähnlich klein. Es ist unwichtig, wie sie aussehen. Sie werden im Anschluss an diese Übung Ihren Ballon-Strauß neu gestalten.

Diese Übung eignet sich sehr als Paarübung. Sie können auf diese Weise mehr voneinander erfahren und Ihr Leben gegebenenfalls besser aufeinander abstimmen.

Übungen zur Neudefinition

1. Ballon: »Individuum« –
»Resonanz in mir«

»Wer bin ich in meiner natürlichen Eigenschwingung?«

Machen Sie es sich an Ihrem speziellen Platz bequem, folgen Sie Ihrem Atem in Ihr Inneres und lassen Sie ihn ruhig und tief werden.

Lassen Sie sich nun von Ihrem Unterbewusstsein Situationen schenken, in denen Sie sich ganz mit sich selbst verbunden fühlten, in denen Sie Resonanz spürten, in denen Sie im Einklang mit sich waren, im Einklang mit dem Universum, der Natur und in denen Sie eine innere Ruhe genossen. In diesem Zustand können Sie sich annehmen, so, wie Sie sind. Situationen tauchen vor Ihnen auf, in denen Sie sich sicher und geborgen fühlen, lebendig und kraftvoll, und in denen Sie sich selbst mit Liebe und Wertschätzung begegnen. Momente, in denen Sie in Ihrem Körper ganz zu Hause sind. Sie sind glücklich und sicher mit sich selbst. Es fehlt Ihnen an nichts.

Die Rollen neu gestalten: sich frei und zusammen fühlen

Welche Bilder, Situationen kommen Ihnen nun in den Sinn? Bemerken Sie bei diesen Bildern Ihren ruhigen, fließenden Atem. Oft beginnen wir auch ganz automatisch zu lächeln, wenn wir uns in uns selbst geborgen und glücklich fühlen. Welche Symbole möchten zu Papier gebracht werden? Welche Farbe möchten Sie diesem Ballon geben, oder ist es vielleicht eher ein Muster? Riechen Sie etwas oder hören Sie Töne, eine Musik? Gefällt Ihnen die Farbe und Form? Was lösen die Gedanken um diesen Ballon in Ihnen aus?

Malen Sie diesen Ballon und schreiben Sie alles auf, was Ihnen kommt.

Wenn Sie die Übung mit Ihrem Partner machen, erzählen Sie sich gegenseitig Ihre Symbole, Farben und Gefühle. Anschließend malen Sie ein gemeinsames Bild: »Gemeinsam in Resonanz sein – genießen und verweilen«, indem jeder sein Eigenes einbringt. Dazu erinnern Sie sich gemeinsam an alle Momente, Erfahrungen und Erlebnisse, in denen dieses spezielle »Knistern« zwischen Ihnen da war: als sie sich kennen lernten, gemeinsame Plätze ...

Finden Sie gemeinsame »Zauberworte« für diese Rolle »Gemeinsam in Resonanz sein«. Zauberworte sind Worte, die Sie sofort verzaubern und in spezielle Erfahrungen bringen: eine bestimmte Musik, ein bestimmter Platz und ein bestimmter Geruch nur für diese Rolle. Wenn Sie zum Beispiel schöne Erfahrungen in Griechenland hatten und griechische Musik hören, dann sind diese Erfahrungen und Gefühle sofort wieder spürbar. So ist es auch mit den Rollen: Die Zauberworte bringen Sie sofort wieder in die ganz speziellen Erfahrungen und Gefühle ... Laden Sie sich gegenseitig in diese spezielle Rolle ein, verzaubern Sie einander, indem Sie diese Musik auflegen, diesen Geruch verbreiten ... und beobachten Sie, wie der/die andere darauf reagiert.

> **Verzaubern Sie sich gegenseitig.**

2. Ballon: »Frau/Mann« – Als Frau oder Mann in Resonanz sein

»Wer bin ich als Frau oder Mann?«

Jetzt wird es spannend, besonders dann, wenn Sie die Übung tatsächlich mit Ihrem Partner, Ihrer Partnerin machen. Es ist der Ballon Ihrer Erotik, Ihrer Liebe, Ihres Frau- beziehungsweise Mann-Seins. Wann leben Sie bewusst diese Rolle? Sich als Mann und Frau begehrt zu fühlen heißt Erotik und Sex mit allen Sinnen zu genießen. Sie schmecken, fühlen, riechen, sehen und hören dann. Alle Kanäle sind für die Sinnlichkeit geöffnet. Haben Sie genug Sinnlichkeit in Ihrem Leben oder möchten Sie ein bisschen mehr? Auch hier kommt es auf die Farben, das Glitzern, die Töne und die Gerüche an ...

Möchten Sie vielleicht etwas tiefer in den Farbtopf greifen? Möchten Sie in Musik baden oder Rosenblätter unter Ihren Füßen fühlen? Etwas Leckeres zusammen essen? Sich gegenseitig verwöhnen und massieren? Nur nicht so zaghaft, probieren Sie es aus! Die Situationen, die Ihnen zu dieser Rolle einfallen, können verschieden sein – erspüren Sie Ihr Grundgefühl und beginnen Sie mit dem Zeichnen Ihres bunten Liebes-Luftballons. Welchen farblichen Ausdruck möchten Sie der Erotik und Lust in Ihrem Leben verleihen? Hat dieser Ballon genug Luft? Nein? Dann legen Sie vielleicht jetzt erst einmal eine Schmuserunde ein ...

Betrachten Sie mit Ihrem Partner diesen Ballon und überlegen Sie gemeinsam, was ihn dazu macht, wie er ist und ob Sie etwas verändern wollen. Bei vielen Menschen fällt gerade dieser Ballon oft zu klein und zu farblos aus. Wenn dies auch auf Ihren Ballon zutrifft, fühlen Sie nach, wie prall und farbig Sie ihn gerne hätten.

Wie bei der vorigen Rolle finden Sie ein gemeinsames Bild, indem Sie sich gemeinsam entspannen und sich an alle gemeinsamen Erlebnisse erinnern, in denen dieses Verliebtsein und Knistern da war ... Wieder finden Sie zu dieser Rolle Ihre Zauberworte: eine gemeinsame Musik, ein Geruch, ein Platz mit Farben ...

> **Sich gegenseitig einladen statt warten**

3. Ballon: »Hierarchie« – Resonanz in den übernommenen Aufgabenbereichen

»Wer bin ich in der Balance von Geben und Nehmen?«

Manchmal ist dieser Luftballon größer, als wir uns das wünschen. Es kann ein reiches Gefühl sein, wenn wir uns am »richtigen Platz« fühlen und gerne Verantwortung übernehmen oder abgeben. Manchmal sind wir noch auf der Suche, dann ist er zwar groß, weil wir uns viel mit diesem Thema beschäftigen, aber er ist dennoch nicht so bunt. Hin und wieder hat er auch Dellen, weil ihn die Verantwortung »drückt«. Oder er bekommt kleine herausgestülpte »Teufelshörnchen«, weil wir die Grenzen eines anderen Menschen nicht beachten und ganz einfach und ungebeten für ihn Verantwortung übernehmen. Es ist gut möglich, dass es Ihnen leichter fällt, diese Rolle mit zwei Luftballons zu malen. Einen für »Geben« und einen für »Nehmen«. Kann sein, dass da ein recht ungleiches Paar auf Ihrem Blatt entsteht. Lassen Sie sich überraschen!

Wie ergeht es Ihnen, wenn Sie Verantwortung bewusst übernehmen – sei dies nun an Ihrem Arbeitsplatz oder in der Familie? Welches Gefühl entwickelt sich in Ihnen? Und wie ist es mit dem Verwöhnenlassen? Viele Menschen sehnen sich danach, und ist es endlich so weit, dann können manche dieses Geschenk nicht annehmen. Sie fühlen sich beschämt, blockiert und manche sogar wie unter Druck. In einer Beziehung gibt immer mal der eine ein bisschen mehr, mal der andere. Es ist ein Wechselspiel. Wie erleben Sie dies in Ihrer Partnerschaft?

Lassen Sie die Situationen in sich aufsteigen, in denen Sie die Verantwortung bewusst und ganz klar an andere Menschen oder Ihren Partner abgegeben oder übernommen haben. Fühlen Sie den Bildern nach, die Ihnen zeigen, wie Sie sich verwöhnen lassen, wie Sie ausspannen, eine Pause machen und von anderen Menschen dabei verwöhnt werden. Ihr Partner krault Ihnen den Rücken, legt eine schöne Musik auf, jemand kocht für Sie Kaffee oder Tee ... wie ergeht es Ihnen dabei? Schnurren Sie wie eine Katze oder fahren Sie Gedankenkarussell nach dem Motto »... und wie muss ich gleich zurückverwöhnen?«. Wie reagiert auf diese Vorstellung Ihr Körper? Was signalisiert Ihnen Ihre Seele?

Wie geht es Ihnen beim Geben? Genießen Sie es, etwas schenken zu können, und genießen Sie die Reaktionen, die wie Geschenke zurückkommen: zum Beispiel ein Lächeln, leuchtende Augen, ein Schnurren ...

Unterteilen Sie diesen Luftballon in »Geben« und »Nehmen« und zeichnen Sie Ihre Empfindungen und Gedanken in ihn. Tauschen Sie sich mit Ihrem Partner über Ihr Bild aus. Welche Seite ist bunter, größer, mehr belebt und welche braucht noch ein bisschen mehr Lebendigkeit? Welche Seite haben Sie mehr gelernt und welche ist etwas verkümmert? Oft ist es in Beziehungen so, dass die Rollen aufgeteilt sind und jeder nur eine Rolle lebt. Diese Missbalance führt dann zu ganz großen Problemen.

> **Lernen Sie die Balance zwischen Geben und Nehmen.**

4. Ballon: »Gleiche Ebene« – Resonanz im Miteinander-Sein und Miteinander-Tun

»Wer bin ich, wenn ich lache, spiele und humorvoll bin?«

Wir spielen, sind kreativ, albern herum und arbeiten an einer »gemeinsamen Sache«. Eine Gruppe kann uns auf wunderbare Weise stärken. Wir inspirieren uns gegenseitig, Gedankenfunken sprühen oder wir werden ausgelassen. Es ist schön, mit seinem Partner zu lachen, zu tollen, im Bett zu liegen oder auf der Couch zu sitzen und einfach mal herumzualbern. Oder ein gemeinsames Projekt zu gestalten, wie zum Beispiel das gemeinsame »Nest«, ein gemeinsamer Urlaub, ein gemeinsames Hobby, beispielsweise Tanzen oder Malen ...

Jugendliche wollen oft nicht erwachsen werden, weil für sie erwachsene Beziehungen so langweilig wirken und es an Humor, Lachen und Spielen für sie mangelt. Viele erleben die Erwachsenen und ihre Eltern auf diese Weise und »so« wollen sie nicht werden.

Wie fühlt es sich an, wenn Sie sich mit Ihrem Partner auf einer Ebene bewegen? Lassen Sie sich Situationen schenken, in denen Sie es genießen, miteinander Spaß zu haben, sich Bälle gegenseitig zuzuwerfen, zu lachen und Freude zu leben. Wo Sie in gemeinsamen Aktivitäten wie Kinder versinken und gemeinsam entdecken und gestalten. Wenn Sie jetzt bei diesen Gedanken ein Gefühl, eine Körperempfindung entwickeln: In welchem Teil Ihres Körpers sitzen sie? Wie fühlen sie sich an?

Malen Sie Ihr »Spürerlebnis« in den Luftballon Nummer 4 und erzählen Sie Ihrem Partner, was Ihr Bild für Sie bedeutet. Malen Sie wieder einen gemeinsamen Luftballon und finden Sie dazu Ihre Zauberworte wie zum Beispiel »Duft«, »Farben«, »Melodie«, um sich gegenseitig in diese Rolle zum gemeinsamen Spielen, Ausgelassensein einladen zu können.

> Miteinander Spaß haben, lachen, Freude leben

5. Ballon: »Umfeld« – Resonanz mit dem Umfeld außerhalb der Partnerschaft

»Wer bin ich im Mitgestalten meines Umfeldes?«

Sicherlich steigen bei dieser Rolle viele Bilder in Ihnen auf, denn ständig sind wir in Aktion, immer kommunizieren wir mit anderen Menschen, tauschen uns über unsere Erlebnisse aus. In früheren Zeiten geschah dies am Abend ganz selbstverständlich unter der Dorflinde. Heute müssen wir in Aktion treten, suchen wir das Gespräch mit anderen Menschen. Wir müssen uns dafür entscheiden.

Als Paar kommen wir mit Familie, Freunden, Vereinen oder der Gemeinde in Berührung. Wir zeigen uns als Paar, dokumentieren nach außen: Wir gehören zusammen. Als Paar gemeinsam mit anderen Menschen zu sein inspiriert und gibt der Beziehung neue Nahrung. Das Seil, dass wir zwischen uns und anderen gespannt haben, kann sehr lose oder sehr straff sein.

Wie würde Ihr Luftballon aussehen, wenn Sie dem Volk der Indianer angehören würden, die in früheren Zeiten alle ihre Verwandten, Freunde, alles auf dieser Erde und alle Generationen in ihre Ziele mit einbezogen haben? Wie erleben Sie als Paar das Hier und Jetzt, das Eingebundensein in einen größeren Zusammenhang, in eine große Gemeinschaft? Wie erleben Sie sich mit Ihrem Partner in der Gesellschaft oder innerhalb Ihrer Verwandtschaft? Haben Sie gemeinsame Freunde, haben Sie diese gemeinsam ausgesucht? Macht es Sie stolz und freudig erregt, sich mit ihm/ihr »zu zeigen«?

Was lösen diese Vorstellungen in Ihnen aus? Malen Sie dies in Ihren Luftballon.

Auch jetzt ist es sehr spannend, sich mit dem Partner über das Bild auszutauschen. Die Erwartungen, wann und wo man gemeinsam als Paar oder allein in der Gesellschaft auftritt, sind sehr unterschiedlich. Es kann zu Kränkungen führen, klärt man dies zuvor nicht ab.

> **Ein Problem ist eine Fähigkeit, die am falschen Platz zur falschen Zeit mit der falschen Person gelebt wird.**

Wieder malen Sie einen gemeinsamen Ballon und finden dazu Ihre Zauberworte, um sich gegenseitig einladen zu können, wenn Sie das Gefühl haben, sich zu sehr abzukapseln, und Sie spüren, dass Ihnen die gemeinsamen Freunde und Aktivitäten abgehen.

Würdigen des Gelernten und Freude am Entdecken des Nichtgelernten

Wie Sie nun entdeckt haben, sind Ihnen einige Rollen bereits vertraut und andere noch nicht so sehr. Wir haben jetzt die Wahl, entweder zu analysieren und herauszufinden, wer und was alles schuld war, warum wir einiges nicht können, oder wir nehmen dankbar all das an, was wir gelernt haben, und freuen uns auf das Entdecken und Gestalten des Neuen. Wir ignorieren damit nicht das Problem, sondern achten es, und es hilft uns herauszufinden, was noch gelernt werden kann. Schmerzen und Blockaden, die dabei im Weg liegen, können geheilt werden. Allerdings entdecke ich oft in meiner Arbeit, dass Hilfesuchende sich nur deshalb so viel mit Ihrem Schmerz beschäftigten, weil sie nichts anderes kannten und nicht wussten, was Leben überhaupt ist und sein kann – wie sie ihre inneren Sehnsüchte finden und leben können.

> **Das Leben ist wie ein bunter Strauß Luftballons.**

Wie kann uns nun unser Luftballonstrauß helfen, unsere Sehnsüchte zu leben und unser Leben bunter werden zu lassen?

Ihr Luftballonstrauß liegt fertig vor Ihnen, bunt und prächtig oder mickrig und fahl, oder er ist ein Gemisch aus kleinen und großen Luftballons. Wie auch immer, Sie haben alle Luftballons aufgeblasen, verziert, mit Anmerkungen oder Grüßen versehen und Ihnen Ihr ganz persönliches Profil gegeben. Lassen Sie das Bild als Ganzes noch einmal auf sich wirken ...

Welche Gedanken und Gefühle regen sich in Ihnen, wenn Sie dieses Bild und Ihre Partnerschaft betrachten? Welche der Rollen, Luftballone, waren Ihnen so vertraut, dass sofort Bilder in Ihnen aufstiegen? Welche waren verkümmert und fühlten sich wie neu und ungewohnt an? Bei welchem Luftballon mangelte es an »Verzierung« oder »Luft«? In welcher Rolle möchten Sie sich noch stärker selbst entdecken? Und in welcher Rolle wünschen Sie sich mehr gemeinsame Erlebnisse?

Bilder, Gerüche, Farben und Musik sind eine Möglichkeit, Botschaften und Ziele in unserem Körper zu verankern. Jede Zelle Ihres Körpers nimmt durch die Bewegung etwas in sich auf. Tanz ist viel mehr als nur Bewegung. Ich möchte Sie deswegen dazu einladen, zur Musik der Zauberworte das zu tanzen, was Sie gemalt haben. Tanzen Sie sich in jede Rolle, in jedes Gefühl hinein – zuerst jeder für sich und anschließend gemeinsam mit Ihrem Partner. Auf diese Weise teilen Sie sich sehr lebendig etwas aus Ihrem Leben mit und können in einen anderen Dialog eintreten als den, der nur die Sprache als Grundlage hat. Sie werden auch erleben, in welcher Rolle Sie Ihre eigene Resonanz sofort verlieren und welche Rollen Sie gut können und in welchen Sie sich frei bewegen können.

Würdigen Sie das Können der gelernten Rollen und freuen Sie sich darauf, die nicht gelernten Rollen zum Leben zu erwecken. Eine Möglichkeit ist, so oft wie möglich zur Musik der gefundenen Zauberworte der einzelnen Rollen zu tanzen, um für manche vielleicht ungewohnte Bewegungen Freude zu empfinden. Vielleicht entstehen dadurch Wünsche, einige Rollen noch mehr in Ihr tägliches Miteinander zu bringen.

Es ist gut möglich, dass Sie Ihren Partner bereits jetzt schon mit ganz anderen Augen betrachten. Der gemeinsame Austausch hat Ihnen vielleicht Bedürfnisse gezeigt, die Sie bislang so intensiv noch gar nicht wahrgenommen haben. In meinen Gruppen sind immer wieder Menschen, die erst nach diesen gemeinsamen Übungen und Bildern deutlich erkennen, welche Lebensbereiche sie nicht voll ausleben, obwohl sie dies gerne möchten. Nun können Sie lernen, was Sie bislang nicht gelernt haben.

Blinde Flecken mit Leben füllen

In unserer Beziehung sind oft blinde Flecken zu finden. Wir verbringen Tage unseres Lebens miteinander und merken nicht, wie wir aneinander vorbeileben und uns als Mann und Frau gar nicht mehr bewusst wahrnehmen. Wenn Sie möchten, würde ich Sie gerne zu einer besonderen Übung einladen.

Übung: »Ich bekenne mich zu unserer Beziehung«

Stellen Sie sich Ihrem Partner gegenüber. Fassen Sie sich kurz an den Händen und lassen Sie diese wieder locker fallen. Sehen Sie sich eine Weile an und sagen Sie dann zueinander:

»Ich bin jetzt Mann und bekenne mich zu unserer Beziehung!«
»Ich bin jetzt Frau und bekenne mich zu unserer Beziehung!«
(Entsprechendes können Sie auch bei den anderen Rollen sagen.)

Fassen Sie sich wieder an den Händen und fühlen Sie den Unterschied nach. Es gibt nichts Erotischeres, als sich als Mann und Frau zueinander zu bekennen. Wenn Sie Lust verspüren, dann tanzen Sie gemeinsam diese Erfahrung. Sich miteinander im Tanz zu bewegen, den anderen Körper zu spüren und zu riechen ist nicht nur eine unglaubliche Erfahrung, sondern Sie schaffen damit auch immer wieder eine neue Möglichkeit der Begegnung. Sich zu einem bestimmten Lied gemeinsam im Tanz zu bewegen wirkt wie ein »Anker« oder ein »Zauberwort«. Sie werden diesen Moment nicht vergessen und er wird Ihnen immer wieder aufs Neue einfallen, Sie verzaubern, wenn »Ihr Lied« im Radio ertönt. Musik, Tanz und Farben sind, egal, ob gemeinsam oder jeder für sich, eine gute Unterstützung, Wünsche, die Sie an die verschiedenen Rollen haben, in Ihrem Leben zu integrieren.

Mit diesem Genuss lasse ich Sie nun einen Moment allein.

Welche Liebe gehört in welche Zeit? – Lebenszyklen und Beziehung

Wir können uns dagegen wehren oder wir können es annehmen, wie es ist: Nicht nur die Welt, sondern auch wir als ein Teil der Welt sind einer ständigen Wandlung unterworfen. Die Liebe, die wir als Teenager fühlten, war zweifelsohne eine ganz wunderbar aufregende und zugleich unsichere Zeit, aber sie ist nicht vergleichbar mit der Liebe, die wir als Twens oder Menschen in der Mitte des Lebens empfinden. Es mögen sich Momente ähneln und doch ist dieses Gefühl nicht gleich. Jede Lebensphase unseres Lebens ist unverwechselbar. Jede Phase unserer Liebe auch. Wir reifen an dem Prozess, den sie uns bietet. Manchmal macht uns das Angst, denn es fühlt sich nicht immer so an, wie wir das zu diesem Zeitpunkt gerne hätten. Dann mei-

> **Die Rollen sind wie ein lebender Organismus – sie ändern sich dauernd und werden immer reicher.**

nen wir, es würde genügen, einfach »mehr Zeit« miteinander zu verbringen. In Beziehungen geht es aber um Qualität und nicht um Quantität. Liebe ist nicht berechenbar, nicht steuerbar ... aber wir können unser Gefühl beobachten und beeinflussen und das ist, finde ich, schon ziemlich viel.

Peter und Karin sind beide 40 Jahre alt und seit fünf Jahren ein Paar. Sie stellen fest, dass die Spannung aus ihrer Leidenschaft gewichen ist. Ihre Tage sind angenehm und reich und doch fehlt das gewisse Quäntchen Erotik und Leidenschaft. Beide vermissen diese Lust an der Liebe sehr.

Peter und Karin haben gemeinsam eine Spedition. Ihre Arbeitstage sind lang und hart. Als sie auf ihr Problem zu sprechen kommen, fällt Karin in eine Art von Depression und Peter wird wütend. Er ist der Ansicht, wenn man nur will, kann man alles verändern.

Jede Partnerschaft wird durch die Menschen geprägt, die sie leben. Oder sollte ich sogar besser »lieben« sagen? Wir haben gelernt, dass die fünf Rollen dabei entscheidend mitspielen, je nachdem, wie wir sie ausfüllen. Nun, da Sie sich mit Ihren eigenen Luftballonen schon so wunderbar beschäftigt haben, wird es Ihnen nicht schwer fallen, sich den Strauß von Karin und Peter vorzustellen, wie unterschiedlich ihre Rollen-Luftballons aussehen.

Durch die verschiedenen Rollen können wir unsere Partnerschaft den ständigen Veränderungen im Leben angleichen. Die Luftballone tanzen in der Luft, es bewegt sich was, es »menschelt«. Die Rolleneinflüsse stehen aber nicht allein, sie sind im Zusammenhang der verschiedenen Lebensphasen mit ihren Anforderungen, Bedürfnissen zu sehen und wir müssen sie auch den Vorstellungen, die wir über Partnerschaft haben, immer wieder angleichen.

In welcher Zeit unseres Lebens ist uns welche Rolle besonders wichtig und warum? Je klarer uns dies ist, desto eher können wir daran etwas verändern.

Eine junge Mutter hat ganz andere Schwerpunkte als ihr Mann, der vielleicht gerade in einem neuen Unternehmen zu arbeiten angefangen hat. Aber auch eine andauernde Beziehung ohne Kinder durchläuft verschiedene Lebensphasen. Will sie nicht erstarren, muss sie sich mit den jeweiligen Anforderungen wandeln. Das ist es, was uns so schwer fällt. Wir stellen dann vielleicht wie Karin und Peter fest, dass uns aus dem »Frau/Mann-Ballon« die Luft entweicht, sehen aber nicht, dass hier keine neue Frisur hilft, sondern dass der Arbeits-Ballon (das kann der »Hierarchie-Ballon« sein) zu stark aufgeblasen ist.

Die Wertigkeiten der verschiedenen Rollen und die Balance zwischen ihnen, sprich die Stärke unserer Luftballons, müssen sich an den Anforderungen des Lebens orientieren und dennoch darf die Liebe von den Anforderungen nicht »aufgefressen« werden. Zugegebenermaßen erfordert das ein wenig Konzentration. Um eine lebendige Beziehung zu leben, können wir uns und unser Rollen-Leben immer wieder neu betrachten. Wollen wir es so? Oder anders?

Maike, 27 Jahre
»Wir waren sehr verliebt ineinander. Markus und ich machten bunte Zukunftspläne. Egal, ob Studium, Partys, weite Reisen, wir wollten alles. Dann wurde ich schwanger und von einem auf den anderen Tag wandelte sich unsere Unternehmungsfreude in eine manchmal sehr erdrückende Verantwortung. Wir wollten alles richtig machen, richtig planen. Wir wurden Mutter und Vater! Die Partys ließen nach, die gegenseitigen Aufmerksamkeiten versiegten, der Sex schlief ein. Es dauerte lange, bis wir begriffen, dass wir auch als Vater und Mutter ausgelassen sein dürfen und Mann und Frau bleiben können. Wir haben der Erotik einen neuen Platz gegeben, indem wir

uns klar darüber wurden, was wir füreinander sind und was wir uns voneinander wünschen.«

Wenn ein Kind auf die Welt kommt, verändert sich eine Menge. Dies ist mit der größte Einschnitt im Leben eines Paares. Nichts ist mehr so, wie es vorher war. Wir werden Eltern! Was für eine Aufgabe, was für eine bereichernde neue Rolle! Der Mutter/Vater-Luftballon wird auf einmal ganz stark aufgeblasen und erlangt eine riesige Bedeutung.

Ein Baby braucht seine Eltern 24 Stunden am Tag. Es will nicht nur versorgt sein, sondern fordert den Kontakt. Wir sprechen mit ihm, herzen es, streicheln es, die Mütter legen es an die Brust. Für manche Frauen ist dieser Körperkontakt so intensiv, dass sie am Abend froh sind, wenn endlich mal niemand an ihnen »saugt«. Als Eltern stellen wir uns auf die Bedürfnisse unseres Babys ein. Wir wollen nur das Beste für unser Kind und aus dem bunten Luftballon »Frau/Mann« entweicht still und unhörbar die Luft. Die Zeit, die wir mit unserem Partner verbringen, wird kurz und wir denken, dieser Verzicht gehöre nun mal in diese Phase. Wird aber die Frau/Mann-Rolle nicht bewusst und von beiden Partnern wiederhergestellt, geht leicht Wesentliches wie die Sexualität verloren. Für jede Beziehung kann dies oft der Beginn vom Ende sein.

Sehr häufig wird dieser Verlust dann durch sexuelle Kontakte außerhalb der Beziehung gestillt. Wir wollen nicht nur Mama sein, sondern auch Frau. Wir wollen nicht nur als Vater die Rolle der Verantwortung tragen, sondern uns auch als Mann begehrt fühlen. Als Vater oder Mutter fühlen wir uns für die Kinder sorgend und verantwortlich, die Sehnsüchte des Mannes und der Frau bleiben unerfüllt.

Um unserem eigenen Anspruch zu genügen, braucht es Zeit und Energie. Sex, Liebe und Erotik können wir in keinem Geschäft kaufen. Sexuelle Gefühle fordern uns heraus, uns immer wieder aufs Neue selbst zu spüren, schön und begehrt zu finden. In der Resonanz mit uns selbst fühlen wir uns nicht nur wohl, sondern sind von uns selbst beglückt. Es gibt keine schönere Basis für die Liebe und liebevolle Begegnung mit unserem Partner. Erotik ist wie ein Gast, dem man es behaglich machen sollte, sonst fällt der Besuch aus.

Matthias, 43 Jahre
»Meine Frau brachte zwei Kinder mit in unsere Ehe, vielleicht war deswegen unser Honeymoon so schnell vorüber. Der Alltag fraß uns auf und ich brachte an den Wochenenden immer größere und teurere Blumensträuße mit nach Hause. Ich wollte auf mich aufmerksam machen und ihr zeigen, dass ich sie liebe. Als die Blumensträuße nicht mehr wirkten, kaufte ich Schmuck und Champagner. Eines Abends machten wir noch einen Spaziergang und saßen am Fluss. Sie lehnte ihren Kopf an meine Schulter, wir schmusten, die Sonne ging unter und wir waren das glücklichste Paar der Welt. In diesem Moment wusste ich, dass die wirklich schönen Dinge kein Geld kosten. Es ist Zeit, die wir füreinander brauchen, die Blumensträuße sind schön, aber für unsere Liebe nicht wesentlich. Die Zeit, die wir als Paar erleben, in der wir uns widmen und gegenseitig öffnen, ist das Kostbarste, das wir uns gegenseitig schenken können.«

Manchmal leben wir die anderen Rollen so stark, dass wir uns als Paar vergessen. Unsere Beziehung ist dann neben Arbeit, Kindererziehung und Fitnessstudio nur noch in zweiter Linie wichtig. Wir müssen lernen darauf zu achten, dass die Balance der Rollen wieder stimmt.

Es gibt verschiedene Möglichkeiten, die Rollen wieder ins Gleichgewicht zu bringen. Bei Matthias und seiner Partnerin wirkten Zeit und eine untergehende Sonne, um sich wieder an die Qualität der Beziehung zu erinnern. Andere Paare haben folgende Möglichkeiten für sich gefunden. Diese können auch Sie zum gegenseitigen Ritual machen:

- Seien Sie täglich dankbar für das, was Sie haben, und freuen Sie sich darüber.
- Planen Sie täglich feste Zeiten ein, die nur Ihnen und Ihrem Partner gehören. Das kann am Abend kurz vor dem Einschlafen sein. Sie tun sich etwas Gutes ... streicheln sich, erzählen sich gegenseitig, was Sie über den Tag erlebten, trinken ein Gläschen Wein oder Tee und gestalten diese tägliche Begegnung zu einem Ritual.
- Sie sprechen in diesen Stunden wenn möglich nicht über Ihr Kind oder Ihre Kinder, nicht über die Arbeit, die eigenen Eltern und den Garten. Wenn Sie sprechen, dann nur über sich als Paar.
- Sie machen sich schön füreinander!
- Oder Sie überraschen den Partner mit einem kleinen Geschenk ...
- ... oder einer kleinen Geschichte, einem Gedicht.
- Sie nehmen Ihren Partner wahr. Sie finden heraus, was für Sie alles an ihm/ihr erotisch und anziehend ist. Sie fragen: In was würde ich mich sofort erneut verlieben? In die Augen, die kleinen Härchen an der Stirn, die Kniekehlen?
- Sie fragen sich, was Sie an Ihrer Beziehung lieben und wofür Sie dankbar sind. Von was Sie mehr möchten, was Sie wieder erneut erleben wollen.
- Sie erinnern sich immer wieder an Ihre erste Zeit des Kennenlernens und des Verliebtseins und sind dankbar für all das, was Sie gemeinsam haben.
- Sie spüren nach, wie klar und in welcher Rolle Sie sich gegenseitig begegnen wollen.
- Sie planen jede Woche einen Abend und ein Wochenende im Monat nur für sich und Ihre Beziehung als Mann und Frau.

Dies sind nur einige Beispiele von vielen Möglichkeiten, wie Sie den Luftballon der Erotik wieder lebendiger gestalten können. Sich wieder neu zu entdecken ist ein Prozess. Es gibt keinen

Schnitt, keine Ablösung aus dem alten Beziehungsleben. Die neue Begegnung als Mann und Frau ist ein Wachstum, ein Pflänzchen, das Sie pflegen müssen. Die Aufmerksamkeit hinsichtlich der verschiedenen Rollen und die Freude an der »Frau/Mann-Rolle« verwandeln dieses Pflänzchen bald schon in einen kleinen Garten.

Immer wieder, selbst wenn wir keine Kinder haben, müssen wir uns um diesen »Garten« kümmern. Mit Kindern ist es noch wichtiger, hier ein liebevolles Augenmerk darauf zu richten. Zu schnell werden wir sonst auch füreinander »Vati« oder »Mutti«.

Je älter und selbstständiger die Kinder werden, desto wichtiger ist es, die »Frau/Mann-Rolle« und die des »Individuums« bewusst und voller Neugier auszubauen. Wir haben nun wieder mehr Zeit, denn die Kinder sind dabei, uns aus der Elternaufgabe zu »entlassen«. Manchmal wird uns dieser Verlust auf eine sehr direkte und schmerzvolle Weise bewusst.

Marga, 45 Jahre
»Es war schwer für mich, als nach meiner Tochter auch mein Sohn das Haus verließ. Ich fühlte mich in unserem Haus verloren, obwohl ich schon die Jahre zuvor wieder mehr nach mir selbst geschaut hatte. Ich habe noch eine Ausbildung gemacht und als Teilzeitkraft gearbeitet. Obwohl meine Kinder längst erwachsen waren, blieben sie der Mittelpunkt unserer Familie. Alles drehte sich um sie. Dann fand ich mich auf einmal allein mit meinem Mann am Abendbrottisch wieder. Wir sahen uns an und stellten schmerzlich fest, dass wir die Gespräche verloren hatten, die nur uns betrafen.«

Wenn die Kinder aus dem Haus gehen, ist das nicht nur ein Abschied, sondern auch ein Neubeginn. Vielleicht gestalten wir das Haus um, ganz sicher aber unsere Beziehung. Auf einmal sind wir in erster Linie wieder Mann und Frau. Das kann sich etwas ungewohnt anfühlen, besonders dann, wenn wir genau diese Rolle über einen längeren Zeitraum vernachlässigt haben. Auf einmal wissen wir gar nicht mehr so recht, wie das geht ... Frau sein ... Mann sein. Aus dem Luftballon der »Frau/Mann-Rolle« ist sprichwörtlich die »Luft raus«. Sie haben inzwischen sicherlich einige Ideen gesammelt, was Sie dagegen unternehmen können!

Die Mutter/Vater-Rolle ist nicht immer gleich. Sie verändert sich entsprechend mit dem Alter unserer Kinder. So sind die Interessen und auch die Verpflichtungen einer Familie mit zwei kleinen Kindern grundsätzlich anders als die eines Paares, dessen Kinder gerade das Haus verlassen haben. Sie sehen schon, die Luftballons wechseln ständig ihre Größe. Sie werden praller oder schlaffer, wichtig dabei ist nur, dass wir dies registrieren.

Ich selbst stelle mir meinen Strauß immer wieder neu vor, um zu sehen, ob ich mit ihm zufrieden bin. Erfreue ich mich an dem Anblick oder gibt es da eher so ein dünnes, schon runzliges Etwas, das ich viel lieber voller Kraft und Glanz sehen würde? Es tut mir gut, in regelmäßigen Abständen einen wohlwollend-kritischen Blick auf meine Luftballons zu werfen.

Das, was uns Marga von sich erzählte, ist auf viele Familien übertragbar. Immer wieder kommen Paare in meine Seminare, die sich auf dem Familienweg verloren haben. In vielen Ehen entsteht ein Bruch, wenn die Kinder aus dem Haus gehen. Die Partner haben verlernt, für sich selbst zu sorgen, sich zu »beschenken« und sich als Paar zu begegnen, da sie die Rollen »Individuum« – Zeit für sich selbst und das eigene Resonanzgefühl – und »Frau/Mann« – Erotik – über Jahre hinweg nicht richtig lebten. Genau diese Rollen werden wieder aktuell, ist das Paar auf einmal wieder allein. Die Kinder, die in Zimmern wohnten, haben ihre eigene Wohnung und die Freizeit ist nicht mehr auf die Familie ausgerichtet. Das Paar muss sich alleine deren Gestaltung stellen. Es geht hier nicht allein um Raum und Zeit, sondern um eine erfüllende Gestaltung. Wir wollen glücklich sein und uns erleben! Nicht bloß Zeit miteinander verbringen, sondern eine Qualität des Miteinanders spüren.

Selbst wenn die gemeinsamen Werte, wie zum Beispiel Gemeinsamkeit, Lebensfreude und Aufmerksamkeit, über alle Jahre hin gleich geblieben sind, müssen sie nun neu definiert und dem neuen Leben angeglichen werden. Ein altvertrauter und doch sehr unbekannter Spielraum tut sich auf einmal auf.

Wie gelingt Ihnen dies? Indem Sie diesen Spielraum erst einmal erneut für sich entdecken. Oft geht die Zeit, die wir mit unserem Partner schön gestalten könnten, im täglichen Einerlei komplett unter. Wir verzetteln uns sehr leicht. Verabreden Sie sich also mit Ihrem Partner. Machen Sie einen Abend in der Woche fest und überraschen Sie sich gegenseitig mit einem kleinen Programm.

> **Den neuen Spielraum nutzen**

Der Partnerabend

Die ständigen Erwartungen und Bilder, die wir darüber aufbauen, was eine gute Beziehung ausmacht und alles leistet, rauben der Liebe und der Spontaneität jegliche Luft. Wir können nicht aus ganzem Herzen schenken, wenn wir das Gefühl haben, »beäugt« zu werden oder dass unser Gegenüber etwas anderes, Besseres, Schöneres will, als wir ihm jetzt gerade bieten. Diese Erwartungen und Bilder kann man sich wie »Filter« vorstellen. Filter sind wie Brillen, die unsere Erwartungen bestätigen. Auch unsere schlechten Erwartungen. Leider bemerken wir es nicht immer, wenn wir diese Brillen aufhaben – und schwups passiert dann tatsächlich das, von dem wir schon annahmen, dass es schon passieren wird. Unsere Gedanken haben eine große Macht über das, was wir erleben und wie wir es erleben. Oscar Wilde erkannte bereits: »Wenn die Götter uns bestrafen wollen, erfüllen sie unsere Gedanken.« Damit meinte er sicherlich auch unsere negativen Vorannahmen wie zum Beispiel:

»Ich wusste es doch, er kommt zu spät!«
»Sicher hat sie keine Lust, mit mir auszugehen.«
»Wie meine Mutter!«
»Er ist wie mein Vater!«
»Bestimmt sitzt er wieder nur stumm rum!«
»Wenn ich sie jetzt küsse, wird sie das gar nicht richtig registrieren!«

Wieso ich Ihnen das jetzt erzähle? Weil ich Sie bitten möchte, bei Ihrem Partnerabend diese Filter und Erwartungen zu überprüfen: Mit welchen Erwartungen wollen Sie sich treffen?

Wenn Sie also beginnen, Erwartungen und Vorstellungen zu entwickeln, dann wählen Sie die besten! Es wird genau das passieren, was Sie durch Ihre Brille sehen wollen – was Sie erwarten:

»Ich weiß, sie freut sich auf die Zeit mit mir!«
»Ich bin mir sicher, er hat eine schöne Idee!«
»Ich freue mich auf unsere Zärtlichkeit.«
»Sie ist so schön und ich gefalle ihr auch!«

Viel zu oft gehen wir davon aus, dass wir anziehen können, was wir wollen, unser Partner sieht uns so oder so nicht. Das machen Sie ab jetzt anders. Stellen Sie sich vor, dass Ihr Partner Sie nicht nur sieht, sondern dass er Sie auch schön und anziehend findet.

Vielleicht möchten Sie dies mal an einem Abend ausprobieren, um dann zu sehen, dass diese Übung wirkt. Besonders für den Partnerabend ist solch eine freudige Haltung die beste Voraussetzung. Je mehr wir uns auf etwas freuen und je sicherer wir uns sind, dass es gut und gelungen sein wird, desto größer ist die Chance, dass es gut und gelungen werden wird. So einfach ist das. – Aber nun konkret zu meinem Vorschlag:

Erklären Sie einen Abend in der Woche zu Ihrem *Partnerabend*. Einen Partnerabend miteinander zu verbringen bedeutet, dass beide Partner den Abend nur für die Beziehung freihalten. Partnerabende werden nicht verschoben und nicht abgesagt. Sie sind, wenn Sie so wollen, ein kleines heiliges Ritual. Was passiert aber genau? Was Sie möchten! Beziehungsweise das, was einer der beiden Partner vorbereitet hat. Wechselweise übernimmt einer der beiden Partner die Gestaltung des Abends. Es wird im Vorfeld nicht darüber gesprochen, sondern der Abend ist ein Geschenk, eine Überraschung. Themen wie Kino, Theater, Essen werden ziemlich bald abgehakt sein und es geht rasch an die Substanz. Lassen Sie sich etwas einfallen. Erspüren Sie neugierig, was Ihren Partner erfreut, oder probieren Sie einfach mal etwas aus. Partnerabende sind nicht notwendigerweise mit Kosten verbunden. Eine gemeinsame Wanderung in der Nacht oder ein Sonnenuntergang von einem Hügel aus betrachtet ist sehr viel eindrücklicher als eine Flasche Champagner oder der wiederholte Besuch in einem Sterne-Restaurant. Laden Sie sich gegenseitig ein ... zu Erlebnissen der außergewöhnlichen Art.

Brigitte, 42 Jahre
»Ich finde diese Partnerabende sehr spannend. Wenn mein Mann mir sagt: ›Zieh dir heute Abend etwas Hübsches an, ich hole dich pünktlich um 20 Uhr ab‹, dann rätsle ich herum, wohin er mich entführt. Am Anfang dachte ich dann immer gleich an Kino und Theater, inzwischen hat er aber auch trotz Abendgarderobe schon mal ein Picknick im Grünen arrangiert. Ich selbst überlege auch sehr lang und genau, mit was ich ihn tatsächlich überraschen könnte.«

Ich sagte es bereits: Die schönen Dinge sind meist umsonst. Ein Partnerabend kann eine lange Massage sein, ein schönes Abendessen, ein Besuch bei Freunden – Sie müssen den Partnerabend nicht zwangsläufig »allein zu zweit« verbringen –, ein Videofilm, ein gemeinsames Bad ...

Welche Rolle möchten Sie an diesem Abend leben, und was braucht es für Sie, damit dieses Erlebnis ein Genuss wird?

Es tut gut, seinen Partner bewusst zu verwöhnen, und es tut gut, bewusst anzunehmen – denn das müssen Sie als »passiver Part«. Sie geben die Verantwortung ab, lassen den anderen mal machen, nehmen voll an und lassen sich zärtlich verwöhnen. Für manche ist das sehr ungewohnt und schwierig. Häufig entdecken Paare bald die Kraft, die ihrer Beziehung innewohnt.

Zudem ist es gut möglich, dass falsche Annahmen endlich mal aus dem Weg geräumt werden. Nehmen wir einmal an, Sie planen einen Fondueabend, weil Sie sich sicher sind, dass Ihr Partner ganz »wild« auf Fondue ist. Der Partnerabend kann eine gute Gelegenheit sein, herauszufinden, dass er eigentlich seit seiner Studentenzeit keine Lust mehr auf Fondue hat: Wie? Du hast dich schon vor Jahrzehnten an Fondue überessen?

Tauschen Sie sich im Verlauf der darauf folgenden Woche aus, wie es Ihnen an dem Abend erging, und bemerken Sie, was der Partnerabend immer deutlicher in Ihrer Beziehung positiv verändert.

Schreiben Sie Ihre Gedanken, Gefühle und das, was sich für Sie positiv verändert hat, auf, oder malen Sie Ihrem Partner als Geschenk ein Bild. Es ist wichtig, über das zu sprechen, was in einer Beziehung nicht funktioniert. Noch wichtiger ist jedoch zu sagen, was sich positiv verändert und was bereits sehr schön ist. Liebe und Erotik werden durch Achtsamkeit und respektvolles Miteinander genährt. Nörgeleien entziehen beiden Partnern die Energie.

> **Wir haben gelernt, auf Fehler zu schauen, und bemerken nicht, was stimmig und schön ist.**

Machen Sie den Partnerabend zu einem Ritual und halten Sie die Verabredungen (gerne) ein!

Es kann für die eigene Klarheit und Zufriedenheit sehr wichtig sein, zu erkennen und zu bestimmen, an welchem Punkt man im Lebenszyklus steht und welche Anforderungen und Schwerpunkte sich daraus für die Partnerschaft ergeben. Tauschen Sie sich darüber mit Ihrem Partner aus, um zu wissen, was Ihnen beiden wichtig ist. – Erinnern Sie sich an das Fondue!

Fragen, die Ihnen helfen können zu entdecken, in welcher Lebensphase Sie sich gerade befinden:

- Was macht Ihnen mit Ihrem Partner im Moment am meisten Spaß?
- Wie wichtig ist Ihnen derzeit Sex?
- Könnten Sie den Lebenszyklus benennen, in dem Sie sich im Augenblick befinden?
- Welche Anforderungen, Herausforderungen, Besonderheiten und Schönheiten hat diese Phase für Sie?
- Wie ist die Gewichtung der verschiedenen Rollen? Malen Sie Ihre Luftballons!
- Wenn Sie etwas mit Ihrem Partner teilen möchten, was ist das im Moment?
- Welches Nähebedürfnis haben Sie in dieser Phase?

Die Eindrücke der verschiedenen Rollen und der Lebenszyklus sind sehr eindrücklich. Für die meisten Menschen nimmt der Beruf ein Drittel des Tages in Anspruch. Was wir beruflich machen, prägt unser Weltbild, unser Selbstverständnis, unser Erleben, unsere Befindlichkeit und Kommunikation. Unsere Beziehung wird auch durch das, was wir arbeiten, mitgestaltet. Zu einem großen Teil fließt zudem die Bedeutung, die wir unserer beruflichen Tätigkeit geben, in die Gestaltung unserer Beziehung mit ein. So kann es zum Beispiel problematisch sein, wenn ein Partner keine Möglichkeit hat abzuschalten und damit alle beruflichen Schwierigkeiten mit in seine Freizeit trägt und entsprechend wenig Aufmerksamkeit für seinen Partner oder die Familie aufbringt. Die Arbeit »geht dann weiter«, obwohl zum Beispiel schon ein paar Tage Ferien sind.

Für manche Menschen ist der Beruf wie eine Flucht. In dem, was sie arbeiten, fühlen sie sich sicher und anerkannt. Warum? Es wird uns in unserem Erwachsenwerden alles Mögliche gelehrt. Wir wissen, wie wir uns bewerben müssen, wie eine ordentliche Steuererklärung aussieht und dass es sich gehört, vor der Haustür zu putzen. Was uns aber nicht beigebracht wird, sind Partnerschaft und Kindererziehung. Wir studieren oder erlernen unseren Beruf. Viele Jahre bereiten wir uns darauf vor und im Berufsleben selbst gibt es Mitarbeitergespräche, Weiterbildungen und vielleicht sogar einen Coach. Die Beziehung hingegen muss allein gelingen. Es gibt keine »Liebesschule«, wie es eine Berufsschule gibt. Keine ritualisierten Partnergespräche, ähnlich, wie man sich im Berufsleben immer wieder zu Besprechungen trifft. Und auch der Coach oder der Therapeut wird in Beziehungen längst nicht so unkompliziert genutzt, wie das Angebot im Berufsleben angenommen wird.

Die Beziehung neu zu bewerten heißt auch, den Stellenwert des Berufes neu zu bestimmen. Im Einklang mit sich zu sein bedeutet auch, im Einklang mit dem Beruf und der Beziehung zu sein. In allem dürfen wir Freude, Spaß und Bereicherung erfahren. Schön ist es, wenn wir dennoch die verschiedenen Lebensbereiche voneinander trennen können.

Wie wichtig ist Ihnen Ihr Beruf?

- Wie oft sprechen Sie mit Ihrem Partner über Ihren Beruf?
- Wie wichtig ist Ihnen dieser Austausch?
- Vergessen Sie manchmal die Arbeit?
- Vergessen Sie manchmal die Beziehung?
- Wenn Sie sich mit Ihrem Partner austauschen: Halten sich beide Lebensbereiche »privat« und »Beruf« die Balance?

Während unserer Arbeit nehmen wir eine besondere Rolle ein. Oft ist diese mit Verantwortungabgeben oder -übernehmen verknüpft. Wenn Sie in Ihrem Beruf Verantwortung tragen, wie führen Sie diese Rolle im Privaten fort? Möchten Sie in Ruhe gelassen werden und bloß nichts mehr entscheiden oder steckt die Verantwortung schon so in Ihnen drin, dass Sie sie automatisch an sich reißen? Welche Auswirkungen hat die Rolle des Vaters oder der Mutter auf Ihr Leben, Ihre Familie, Ihren Partner?

Wenn einer der Partner nur das Sagen hat und Geben und Nehmen nicht im Einklang sind, kann dies auf Dauer Sprengstoff beinhalten. Der Luftballonstrauß wird unansehnlich und wir können uns nicht an ihm erfreuen.

Und nun stellen Sie sich mit mir die Wirkung in der Beziehung vor, wenn jemand zufrieden in seinem Beruf ist. Wenn er die Möglichkeit hat, auch dort alle Rollen mehr oder weniger zu leben. Wie ist dann die Atmosphäre, die er mit nach Hause bringt?

Unser Beruf ist ein wichtiger Aspekt in unserem Leben und somit auch ein Faktor, der nicht vor der Haustür bleibt, wenn wir des Abends nach Hause in die gute Stube kommen. Wir können lernen damit umzugehen.

»Ach, ich will das gar nicht alles wissen«, stöhnte einmal ein Mann in einem Seminar, »es ist so kompliziert.« Ja, das ist es.

Aber es ist auch lernbar. Und es ist egal, ob wir es lernen möchten oder nicht – die gelebten und nicht gelebten Rollen beeinflussen uns so oder so.

Deswegen: Ist es nicht schön, endlich Klarheit darüber zu erlangen? Eine kleine Übung kann Ihnen dabei helfen.

> **Übung: Welchen Hut haben Sie gerade auf?**
>
> Ich persönlich lerne am schnellsten und am vergnüglichsten, wenn ich mir das, was ich lernen möchte, so plastisch wie nur möglich vorstelle. Je mehr Sinne ich einschalte, desto schneller fließt das neue Lernen in meine täglichen Handlungen ein. Was die verschiedenen Rollen angeht, so vergleiche ich diese sehr oft mit Hüten. Es ist ungleich leichter zu fragen, welchen Hut man gerade trägt, als bei sich selbst über eine Rolle nachzudenken. Ein größerer Spaß ist es obendrein. Ich möchte Sie also dazu einladen und ermuntern, sich dieser Frage mittels dieser Brücke anzunähern.
>
> Wie sehen Ihre Hüte für die verschiedenen Rollen aus?
>
> Könnte vielleicht ein Sommerhut für die Rolle »Individuum – Resonanz in mir« dienen? Ein leichter Hut mit einem kleinen Baumzweig, könnte er unser Selbst und unsere Wünsche präsentieren?
>
> Ein Hut mit schillernder Feder gehört zu »Frau/ Mann«, also zur Erotik. Oder vielleicht tragen Sie da einen Hut mit einem verführerischen Netz?

> Nun der Klassiker: ein solider Filzhut. Das ist ein robuster Hut für die Verantwortung, die »Hierarchie«. Er steht für die Balance und die Freude am Geben und Annehmen.
>
> Hüte mit Glöckchen und Souvenirnadeln passen zur »Gleichen Ebene«, zum Spielen, zu Humor und Leichtigkeit, sie sind kreativ, ausgelassen und voller Ideen.
>
> Um sich im »Umfeld« zu zeigen, passen vielleicht Hüte mit einer großen Krempe.
>
> Welche Hüte fallen Ihnen ein? Malen oder schreiben Sie es auf!

Bernadette, 46 Jahre
»Wenn ich mit meinem Mann wegen etwas diskutiere, dann fällt es mir ungleich leichter, ihn zu fragen: ›He, was für einen Hut hast du denn gerade auf?‹, als wenn ich mich nach seiner momentanen Rolle erkundige. Das ist so steif und förmlich. Mit dem Symbol des Hutes weiß er sofort, was ich meine. Entweder er erklärt mir dann den ›Hut‹ oder er setzt den passenden auf, indem er in die Rolle geht, die gerade gelebt sein will. Es ist eine Möglichkeit zu überprüfen, welche Rolle man gerade lebt. Oft tragen wir einen falschen Hut. Wenn wir es merken, können wir es verändern.«

Wenn wir unsere Fähigkeiten am falschen Platz mit dem unpassenden »Hut« und mit der verkehrten Person leben, empfinden wir das als Problem. Manche Hüte sind vielleicht schon ganz verstaubt oder sind gar nicht vorhanden. Wir haben nicht gelernt, diese Hüte zu tragen, und haben das Gefühl, sie passen nicht zu uns.

Versuchen Sie sich ein Bild von Ihren Hüten zu machen und spüren Sie so oft wie möglich nach, welcher Hut gerade auf Ihrem Kopf sitzt und ob Sie ihn in dem Moment auch tragen möchten. Lernen ist wie am Computer sitzen. Wir öffnen ein Programm und schon läuft es. Programme erfüllen jedoch nur dann ihren Dienst, wenn wir ein Ziel haben und die Programme uns nutzen. So ist es auch mit unserem Auftreten und Denken. Welches Programm möchten wir gerade leben? Welchen Hut haben wir augenblicklich auf? Wir können unsere Hutwahl überprüfen oder verändern. Wir können Hüte wechseln und neu aussuchen. Oder wir können lernen, bestimmte Hüte zu tragen.

Gleichwertige Beziehungen

Eine gleichwertige Beziehung ist dann gegeben, wenn wir in uns und mit anderen gleichzeitig in Resonanz sind. Dann fühlen wir uns frei und miteinander, frei und verbunden, frei und geborgen. Wenn dieser komplexe Zustand erreicht ist, fragen wir uns: Was tun wir dann, wie schaut dann unser Miteinander aus und was ist dann hilfreich und was störend?

Auf jede unserer Handlungen erhalten wir eine Reaktion. Selbst keine Reaktion, also ein Ignorieren, ist eine Reaktion. Ist Ihnen das schon einmal aufgefallen? Es ist nicht möglich, auf etwas *nicht* zu reagieren, selbst wenn wir uns das noch so sehr vornehmen. Sogar wenn wir uns entfernen, um den Kontext zu verlassen, ist dies eine Reaktion. Oder: Stumm dasitzen und die Augen entnervt nach oben verdrehen ... diese Reaktion kann andere ganz schnell auf die Palme bringen.

Wenn wir etwas sagen oder tun, dann wünschen oder erwarten wir von unserem Gegenüber, dass er reagiert. Erst recht, wenn wir eine Bitte äußern. Wird uns der Wunsch erfüllt? Erfolgt keine Reaktion, versuchen wir es aufs Neue. Vielleicht haben wir den Wunsch noch nicht deutlich genug geäußert oder bedarf es vielleicht noch einer Erklärung? Es kann auch nötig sein, unseren Wunsch zu verändern, zu modifizieren oder neu anzupassen. Wie auch immer, Sie sehen, es bleibt ein Wechselspiel.

Unser Partner kann nein sagen, nicht einverstanden sein und es ist sein Recht, Veränderungen zu diskutieren. In einer Beziehung geht es nicht um Befehle, sondern darum, dass zwei gleichwertige Menschen einen gemeinsamen Weg suchen. Damit der andere auf uns eingeht, uns versteht oder einen Wunsch erfüllt, können wir verschiedene »Register« ziehen. Um auf uns und unser Bedürfnis aufmerksam zu machen, können wir zum Beispiel etwas auf eine neue Weise erklären oder einfach wiederholen. Wir können uns auch vor Enttäuschung auf der Erde wälzen, aufstampfen, drohen oder mit Liebesentzug bestrafen. Streit ist möglich oder wir weinen. Vielleicht sind wir auch ganz konstruktiv und machen einen Vorschlag oder suchen den Kompromiss.

Welchen Weg wir auch immer wählen, wir werden wieder eine Reaktion erhalten, die wir dann erneut überprüfen. Dieser Kreislauf wird auch »Feedbackschleife« genannt. Die Elemente der Feedbackschleifen helfen uns, unsere Bedürfnisse und Rollen nach außen hin deutlich zu leben. Mit der Feedbackschleife überprüfen wir nicht nur unser Handeln, sondern auch die Wirkung. Im besten Fall wirken und reagieren beide Partner so, dass alle Beteiligten zufrieden sind. Eine hohe Lebensqualität wird dadurch erreicht. Von den oben genannten Reaktionsmöglichkeiten sind nur einige dafür geeignet. Sie filtern sie sicher ganz schnell heraus.

Feedbackschleifen heißen, dass wir ein Ziel haben und wir durch Handeln versuchen, dieses Ziel zu erreichen. Wir beobachten (im Neurolinguistischen Programmieren heißt diese Aufmerksamkeit »kalibrieren«), ob die Reaktion unseres Gegenübers (Feedback) uns unserem Ziel näher bringt. Ist dem nicht so, müssen wir flexibel reagieren und unser Verhalten so lange variieren, bis wir mit unserem Partner eine gemeinsame Basis haben. Um das spielerisch zu erreichen, brauchen wir ein wenig Handgepäck. Wir brauchen

- die Fähigkeit, Ziele zu setzen,
- alle fünf Sinne
- und müssen wissen, dass wir jederzeit über mindestens drei Wahlmöglichkeiten verfügen.

»Warum denn gleich drei oder noch mehr Möglichkeiten?«, möchten Sie vielleicht wissen. Kann gut sein, dass Sie im Konfliktfall froh waren, auf wenigstens eine neue Idee zu kommen.

Drei Möglichkeiten sind aber immer besser als nur eine. Bei nur einer Wahlmöglichkeit geraten wir sehr leicht in eine Art Teufelskreis. Wenn wir etwas erreichen wollen oder unserem Partner verständlich machen möchten, reagieren wir schnell auf ein und dieselbe Weise. Das heißt: Wir versuchen ständig aufs Neue, mit dem (alten) gleich bleibenden Verhalten eine andere (neue) Reaktion zu erhalten. In der Regel klappt das nicht und wir sind dann frustriert, beschimpfen im schlimmsten Fall den anderen und fühlen uns in der Situation gefangen. Als einzige Lösung sehen wir bald nur die Alternative »Entweder-Oder«, und die ist für wirkliche Lösungen nicht besonders gut geeignet.

Haben wir jedoch mehrere Möglichkeiten zur Hand, sind wir frei, spielerisch zu probieren, bis wir mit einer Lösung zufrieden sind und uns dieser Vorschlag passt.

Metaprogramme fördern oder verhindern Resonanz in Beziehungen

Nun werde ich Ihnen Möglichkeiten aufzeigen, die unsere Flexibilität beim Kommunizieren steigern können. Die Elemente der Feedbackschleife nennen wir Metaprogramme. Die Metaprogramme stellen Modelle für die Art und Weise dar, wie Information in unserem Gehirn gespeichert und organisiert ist. Sie ermöglichen Zugang zu Strukturen der menschlichen Informationsverarbeitung und damit zur Erfahrung eines Menschen.

Um es noch besser zur verstehen: Metaprogramme sind wie die Software eines Computers. Die Software bestimmt die Art und Weise, wie die Informationen umgesetzt und verarbeitet werden, mit denen der Rechner gefüttert wird. Ein Grafikprogramm wird beispielsweise die Aktionen der Maus völlig anders interpretieren als ein Textverarbeitungsprogramm. Entsprechend wird der Computer, in den eine Grafiksoftware geladen wurde, anders arbeiten und andere »Verhaltensweisen« an den Tag legen als ein mit anderer Software bestückter Rechner. Er wird mittels seiner Software natürlich auch andere Ergebnisse erzielen als zum Beispiel ein Textverarbeitungsprogramm. Die Metaprogramme sind also Kategorien und Strukturen, die innere Muster beschreiben. Sie sind so etwas wie die innere Landkarte unseres Verhaltens. Die Art und Weise, wie diese innere Landkarte gestaltet ist und wie wir sie einsetzen, bestimmt darüber, wie und worauf wir unsere Aufmerksamkeit richten, wie wir Information auswählen und ordnen, wie wir Entscheidungen treffen, welche Erfahrungen wir daraus schließen und welche Verhaltensweisen sich daraus ergeben.

Jeder Mensch hat eine eigene innere Landkarte. Die inneren Landkarten und Muster bestimmen letztendlich, wie der einzelne Mensch in seinem Inneren die Wirklichkeit, die »erlebte Welt« verarbeitet und repräsentiert. Diese besonderen inneren Landkarten, die Repräsentationen, bestimmen sein Verhalten.

Sie können zu diesen »Landkarten« auch »Filter« sagen. Wie Sie bereits wissen, haben »Filter« die Eigenschaft, bestimmte Teilchen durchzulassen, während andere durch sie aufgehalten werden. Was beim Kaffee eine feine Sache ist, zeigt sich im Leben mit anderen Menschen manchmal als Problem. Wenn eine Frau aufgrund einer Erfahrung beschließt, dass alle Männer sie ausnutzen, dann werden vornehmlich die Verhaltensweisen durch ihren Filter gelassen, die dies bestätigen. Sie hat ihr Augenmerk darauf gerichtet und wird nur genau das wahrnehmen. Das klingt dann mit ihrer inneren Stimme etwa so:

»War ja klar, dass der zu spät kommt. Vermutlich kommt er das nächste Mal gar nicht.«
Oder:
»Na bitte, der hat doch eben auf die Uhr geschaut. Jetzt kommt gleich die Verabschiedung.«
Oder:
»Natürlich erkundigt er sich zuerst nach meiner Arbeit. Sicherlich sucht er einen Job!«

Die Welt ist voller Sinnesreize und wir müssen entscheiden, welche Reize wir wahrnehmen möchten und welche nicht. Die Frau aus unserem Beispiel hat sich offensichtlich dazu entschlossen, nur die Signale zu beachten, die in irgendeiner Weise zu ihrer negativen Vorannahme passen. Mit dieser Einstellung wird Sie bei diesem Rendezvous sicherlich nicht viel Vergnügen haben, ihr Gegenüber wird das merken und was dabei herauskommt, ist an drei Fingern abzuzählen.

Wir entscheiden, welche Signale welche Bedeutung für uns haben, das heißt, wir geben den Ereignissen gemäß unserer inneren Landkarte, unseres Filters, eine Bedeutung. Deshalb sind es so oft die kleinen Dinge, die uns das Leben leicht oder schwer machen – je nachdem, welche Bedeutung für uns sich hinter ihnen verbirgt.

> Nichts hat Bedeutung, außer die, die wir Dingen geben.

Ist das Glas halb leer oder halb voll?

Betrachten wir zum Beispiel zwei Frauen, die sehr unterschiedlich mit ihren Beziehungen umgehen. Anhand ihres Verhaltens lassen sich gut die Unterschiede darstellen, die auf der Ebene der Muster entstehen können.

Brille 1: Was fehlt alles?
Frau K. überprüft sehr oft, wo in ihrer Partnerschaft Probleme existieren und Unausgesprochenes vorhanden ist. Kommt ihr Mann nach Hause und ist er ruhig und nachdenklich, vermutet sie sofort Probleme zwischen ihr und ihm. Für Frau K. ist die Beziehung zu ihrem Mann sehr wichtig. Andererseits empfindet sie die Beziehung jedoch auch oft als anstrengend und sie hat das Gefühl, viel für ein Gelingen der Beziehung arbeiten zu müssen. Würde man die Brille, die sie trägt, mit einer Frage beschreiben, so würde diese lauten: »Was fehlt alles?«

Brille 2: Was ist alles schon da?
Frau Z. empfindet ihre Beziehung völlig anders. Sie berichtet von den vielen kleinen Dingen, die sie bemerkt, wenn sie ihren Mann trifft: der Ausdruck seiner Augen, wenn er sie begrüßt, der Klang seiner Stimme oder auch sein Geruch. Frau Z. fühlt sich von ihrem Mann unterstützt und kann oft Kraft aus der Beziehung zu ihm schöpfen. Für die Zukunft wünscht sie sich

noch mehr von den glücklichen Momenten, die sie gemeinsam haben. Ihre Brille beinhaltet die Frage »Was ist alles da?«.

Im ersten Beispiel richtet Frau K. ihre Aufmerksamkeit auf möglicherweise vorhandene Probleme und versucht Schlimmerem vorzubeugen. Sie schaut auf das, was sich beide Partner noch erarbeiten müssen, um in Zukunft eine Form der Beziehung zu erreichen, die ihren inneren Wunschvorstellungen entspricht. Sie fühlt sich häufig angestrengt.

Was ist Ihnen Ihre Beziehung wert?

Wir Menschen bewegen uns in zwei große Richtungen: Entweder gehen wir auf Freude (Liebe, Respekt etc.) zu oder von Schmerz (Verletzung, Druck etc.) weg.

Werte geben die Richtung an, warum wir geneigt sind, etwas zu tun oder zu unterlassen. Werte sind eine entscheidende, unbewusste, treibende Kraft in uns. Sie bestimmen den ethischen Rahmen, innerhalb dessen wir uns bewegen. Werte sind entscheidend, wie wir unser Leben gestalten wollen. Wenn uns unsere Werte nicht bewusst sind, wissen wir nicht, was für uns gut und richtig ist. Werden unsere Werte von anderen Menschen verletzt oder übersehen, reagieren wir verletzt und empfindlich. Wir ärgern uns dann und fühlen uns respektlos behandelt. Verletzen wir selbst einen unserer höchsten Werte, zum Beispiel Liebe oder Treue, fühlen wir uns schuldig.

> Werte geben uns Sinn und Richtung.

Werte bestimmen unser Leben, denn sie geben unserem Leben nicht nur die Richtung, sondern auch den Sinn. Werte sind

Wegweiser, wohin wir uns und unsere Beziehung bewegen möchten. Sie sind die Antriebsfeder, die Motivation und scheinen ein ganz wesentlicher Grund dafür zu sein, warum wir etwas tun oder von unserem Partner erwarten. Nicht nur »Liebe« und »Treue«, auch Werte wie

- Intensität,
- Miteinander,
- Geborgenheit,
- Frieden,
- Vertrauen,
- Begeisterung,
- Erotik,
- Lebendigkeit,
- Spielen,
- Sicherheit,
- Freiheit,
- Respekt,
- Gemeinsamkeit,
- Klarheit und
- Erfolg

gestalten unseren Beziehungsalltag und wie wir unserem Partner begegnen, denn Werte sind nicht einfach bloße Worthülsen, sondern entwickeln sich in unserem Inneren zu Vorstellungen, Bildern und Gefühlen. Jeder hat seine eigene innere Wertehierarchie.

Jahrhundertelang bestimmten die Werte der Männer die Werte für Partnerschaft und Familie. Erstmalig dürfen die Frauen nun auch ihre Werte einbringen. Rational stimmen wir dem zu, nur die Durchführung im praktischen Leben ist oft sehr schwer, weil wir dafür keine Modelle haben und selbst lernen müssen, damit zurechtzukommen. Die unterschiedlichen Werte sind deshalb häufig ein Streitpunkt, der viele Schmerzen verursacht.

Ein Beispiel:
Sein höchster Wert ist Freiheit und Abenteuer und ihr Wert ist Geborgenheit und Sicherheit. Man kann sich leicht vorstellen, wie diese Unterschiede permanent zu Streit und Meinungsverschiedenheiten führen. Wenn beide lernen, wie sie sich gegenseitig bereichern können, statt sich runterzumachen, könnten sie eine gemeinsame Richtung finden, indem sie ihre Werte kombinieren zu »sicheres Abenteuer« und »abenteuerliche Sicherheit«. Statt das Andersdenken weiterhin zu bekämpfen, könnte es zu gemeinsamem Reichtum werden. Er könnte lernen, Geborgenheit anzunehmen, und sie beginnen, an Abenteuern Interesse zu bekommen.

> In ausgeglichenen, gleichwertigen Beziehungen leben beide Partner ihre Werte.

Was geschieht jedoch in Partnerschaften, in denen das Gemeinsame nicht gefunden wurde und wo als Vorbild für Beziehung nur die Partnerschaft der Eltern steht?

Gaby, 37 Jahre
»In meinem Elternhaus wurde oft sehr laut gestritten. Danach hing die schlechte Stimmung wie eine dicke Wolke in der Wohnung. Für mein Leben stand deswegen immer das Miteinander an erster Stelle. Ich versuchte alles, damit Harmonie um mich herrscht. Für mich war klar, wenn man sich liebt, dann diskutiert man zwar, streitet aber niemals laut. Mein Partner ist nun aber eher impulsiv. Es kann schon mal sein, dass ihm der Kragen platzt. Wenn er früher lauter wurde, bezog ich das sofort auf mich. Ich dachte, er liebt mich nicht und sieht keinen Wert in unserer Beziehung. Ich lief weg, übernachtete bei Freunden und dachte über Trennung nach. Unsere schönen Momente und unsere Zärtlichkeit waren in diesen Augenblicken wie ausgelöscht.«

Unsere Eltern lebten meistenteils noch nach strengen Regeln. Die Rollen waren vorgegeben. Wir, die wir nach neuen Rollenbildern suchen, müssen also diese alten Bilder loslassen. Unsere Eltern hatten oft keine andere Wahl, als laut zu streiten. Konfliktmanagement gibt es erst seit ein paar Jahren, Paartherapie war den meisten Eltern nicht bekannt.

Wenn Paare zu mir kommen, wissen sie meist ganz genau, was nicht mehr stimmig ist und was der andere alles falsch macht. Es ist ganz verschüttet, was sie alles Schönes miteinander hatten, wie verliebt sie miteinander waren ... Sie wollen vom Schmerz weg und sehen nicht mehr die gemeinsamen Werte. Der erste Schritt ist dann, auf Schatzsuche zu gehen und die Aufmerksamkeit auf ihre Schätze und Werte zu richten – auf ihren ursprünglichen Sinn des Zusammenseins.

Wir selbst denken viel zu häufig darüber nach, was wir alles *nicht* wollen. Wir machen uns aber wenig Gedanken darüber, was wir uns wünschen oder was bereits vorhanden ist. Tritt etwas in unser Leben, das uns irritiert, sehen wir weg, negieren es oder suchen das Weite. Bloß weg, denken wir. Wenn wir aber weglaufen, dann hat unsere Beziehung keine Chance zu wachsen, und all das Gute, das es gibt, löst sich auf, als wäre es nur Luft.

Die Qualität der Beziehung bestimmt unsere Aufmerksamkeit.

Sie können wählen, worauf Sie Ihre Aufmerksamkeit richten wollen. Sie bestimmen damit die Qualität Ihrer Beziehung!

> **Übung: Schönes und weniger Schönes mit Ihrem Partner**
>
> Erinnern Sie sich an einen heftigen Streit mit Ihrem Partner oder stellen Sie sich einen vor.
>
> - Was empfinden Sie dabei?
> - Wie fühlt sich Ihr Körper an?
> - Welche Töne, Farben, Bilder oder Gerüche tauchen in Ihrem Inneren auf?
>
> Und nun denken Sie an einen Moment, in dem Sie Ihrem Partner sehr nahe waren. Vielleicht haben Sie geschmust, gelacht oder sich gemeinsam an etwas gefreut.
>
> - Wie geht es Ihnen bei dieser Vorstellung?
> - Wie fühlt sich nun Ihr Körper an?
> - Was riechen, schmecken, sehen oder hören Sie?
>
> Können Sie einen Unterschied bemerken?
>
> *Eine weitere kleine Übung:*
>
> Denken Sie *nicht* an einen rosaroten Elefanten! – Sie sehen ihn sofort!

Genauso geht es uns auch mit unseren Vorstellungen. Menschen, die vorwiegend negativ formulierte Werte haben, wie

- »Ich will keinen Streit, Druck und Enge!«,
- »Ich will nicht so sein wie meine Mutter oder mein Vater!«,
- »Ich will weg von Abhängigkeit!«,
- »Ich will weg von Verletzung!«,
- »Ich will weg von Unsicherheit!«,
- »Ich will weg von Missachtung und Respektlosigkeit!«,

haben dauernd diese Vorstellungen vor dem inneren Auge und gehen genau darauf zu. Das heißt, sie werden genau das leben, was sie nicht wollen.

Für unsere Beziehung bedeutet dies: Wenn wir keine Idee davon haben, wo wir mit unserem Partner hinwollen, welche Beziehung wir führen möchten, wie diese aussehen oder sich anfühlen könnte, dann verwenden wir auch keine psychischen Energien auf diese positiven Vorstellungen und Bilder. Wir leben das, was wir *nicht* wollen, und gehen mehr und mehr darauf zu.

Es ist dann immer wieder »klar, dass er zu spät kommen würde« oder »sie keine Lust auf Sex hat«. Erinnern Sie sich an die Filter, über die wir sprachen! Genau diese Filter beziehungsweise Gedanken vermasseln uns dann das, was wir ansonsten »gute Stimmung« nennen.

Wenn wir nun die Beispielsätze von oben nehmen, klingen diese mit positiver Ausrichtung etwa so:

- »Ich genieße unsere Gemeinsamkeit, Freiheit und Weite!«,
- »Ich lebe meine eigene Vision und Vorstellung von Partnerschaft!«,
- »Ich möchte mehr Selbstbewusstsein!«,
- »Ich genieße unsere gegenseitige Fürsorglichkeit und unser Verständnis füreinander!«,
- »Ich möchte mehr Sicherheit!«,
- »Ich freue mich über mehr Achtung und Respekt!«.

Beide Bewegungen, *von etwas fort* und *auf etwas hin*, bestimmen, wo wir ankommen. Wir können nicht von etwas weglaufen. Wenn ich »nicht wie meine Mutter« sein will, habe ich dauernd das Bild meiner Mutter vor mir und werde genauso werden wie sie.

> **Übung: Was gefällt Ihnen an Ihrem Partner besonders?**
>
> Ich möchte Ihnen vorschlagen, den kommenden Tag dafür zu nutzen, nur das zu bemerken, was Ihnen an Ihrem Partner ausdrücklich gefällt. Schreiben Sie sich die veränderte Wahrnehmung auf.
> Wie wäre Ihre Beziehung, wenn Sie sich täglich neu entdecken würden?

Zwei Herzen in einer Brust ...

Wenn wir über Liebe und Beziehung sprechen, ist uns klar, was wir wollen. Worte wie »Glück«, »Verbundenheit« und »Familie« kommen uns in den Sinn. Aber, sind wir mal ehrlich, ist das alles? In Wirklichkeit kollidieren doch meist verschiedene Wünsche, Vorstellungen, Bilder in unserer Seele. Sehnsüchte, die wir uns nicht erlauben auszuleben, da sie sich auf den ersten Blick gegenseitig ausschließen und scheinbar unvereinbar sind. Wir glauben, unsere Sehnsüchte sind nicht lebbar.

> Frieden wird sein, wenn wir den Dualismus überwinden.

Markus, 36 Jahre
»Das ist ganz blöd. Ich habe die Vorstellung von mir und die Erwartung an mich, ein treu sorgender Familienvater zu sein. Gleichzeitig ist es für mich wichtig, frei und unabhängig zu sein. Das geht doch gar nicht. Selbst wenn ich diese letzten beiden Werte in die Richtung auslebe, dass ich freiberuflich arbei-

te. Dann bin ich zwar als Musiker glücklich, aber nicht so verlässlich treu sorgend, wie ich mir das immer vorgestellt habe. Ich bin von mir selbst enttäuscht, meiner nicht zu genügen – auch meiner eigenen Entwicklung nicht –, und manchmal habe ich sogar vor der Zukunft Angst.«

Sie merken, wie alle Rollen hier durcheinander sind und die eigene Resonanz (Rolle »Individuum«) ganz verschüttet ist. Wenn wir denken, wir müssen auf etwas verzichten, geht es uns in Beziehungen schlecht. Freiheit ist in uns!
Wenn wir unsere Resonanz spüren und gleichzeitig mit dem Umfeld in Resonanz sind, dann fühlen wir uns frei und geborgen zugleich.

Resonanz in sich und mit dem Umfeld im täglichen Miteinander

Die zwei Werte »eigene Entwicklung« und »Fürsorge für andere« stehen sich gegenüber und sehen dabei ziemlich gegensätzlich aus. Wir erkennen das und unser erster Gedanke ist die Entscheidung: Wir müssen uns für etwas und gegen etwas entscheiden. »Ein Wert«, sagen wir uns, »muss von der Tanzfläche verschwinden. Man kann nicht beides leben, Freiheit *und* Geborgenheit.« Doch welcher Wert ist wichtiger? Für andere da sein? Oder nicht doch besser für sich selbst?

Können Sie das Ziehen in Ihrem Herzen spüren, wenn zwei Werte miteinander kämpfen? »Was soll ich bloß machen?«, fragen wir uns. »Welches ist die richtige Entscheidung?«

Menschen, die so mit sich ringen, haben keine Kraft für Ihre Beziehung und Familie. Sie sind mit sich beschäftigt, laufen wie ein Hamster im Rad und merken nicht, dass sie auch aussteigen können, um sich einmal umzusehen. Im Hamsterrad der Gefühle haben Menschen keine innere Vorstellung davon, wie eine Partnerschaft aussehen könnte, in der Werte wie »Freiheit« und »Geborgenheit« gleichzeitig gelebt werden können und alle Rollen vermischt sind.

Halten wir das Hamsterrad der Gefühle gemeinsam mal an.

Freiheit in einer Beziehung kann sich in eigenen Wohnbereichen, Wohnungen oder getrennten Urlauben zeigen. Nur weil wir getrennt verreisen, heißt das nicht, dass wir nie gemeinsam Urlaub machen und nicht miteinander verbunden sind. Die Abwechslung von Nähe und Distanz spielt bei dem Wertepaar »Freiheit und Geborgenheit« sicher eine ganz große Rolle. Wenn zwei Menschen Vertrauen zueinander haben, dann ist es leicht, den anderen gehen zu lassen. Wir wissen dann, er kommt wieder, und seine Erzählungen werden die Beziehung wieder ein Stück mehr bereichern. Beide Partner sind in Resonanz, auch wenn sie ein paar Tage nicht zusammen sind.

Wenn sich wichtige Werte in uns widersprechen, leben wir häufig in einem inneren Konflikt. Jeweils ein Wert, eine Seite unserer Persönlichkeit hat dann das Gefühl, zu kurz zu kommen, und macht sich immer mal wieder laut oder leise in uns bemerkbar. Je nachdem, wie stark wir mit uns ringen, kann dieses Hin und Her sehr viel Energie in sich binden und eine Lösung gibt es scheinbar nicht. Nicht nur wir, auch unser Partner und die Beziehung geraten dadurch in einen immer heftiger werdenden Stress.

Wer sich nicht ausleben kann, der lebt nicht gerne in einer Beziehung und ist nicht gerne in ihr zu Hause. Zu Hause sind wir dort, wo wir barfuß gehen können, wo wir unsere eigene Schwingung, unsere eigene Resonanz leben können. Wir ziehen unsere Schuhe aus und sind ganz leger. Dürfen uns mit allem zeigen und vieles ist erlaubt. Wer unter Druck steht, hat die Wanderstiefel weiter an und das wird auf die Dauer unbequem, die eigene Schwingung ist weit weg und es ist auch unklar, welche Rolle nun vor allem Platz haben soll.

Es ist sicher nicht einfach, wenn wir selbst oder unser Partner oder wir beide eine solche Werte-Zerrissenheit in uns spüren. Dann wollen wir vielleicht das Wochenende mit dem Partner verbringen, aber unser Partner fühlt sich eingeengt und möchte endlich mal Zeit für sich. Oder unser Partner möchte mit uns über etwas diskutieren und wir fühlen uns in unserem Wunsch nach Harmonie bedroht. Oder wir leben gerne sehr spontan, lieben »Frühstück um Mitternacht« und ungeplante Reisen, aber unser Partner will Sicherheit und alles vorher planen und besprechen.

> Anders sein ist Reichtum und kein Hindernis.

Da wir alle sehr verschieden sind, ist jedes Paar von irgendeinem anderen Wertestreit betroffen.

»Immer willst du alles zusammen machen!«
»Und du, du willst immer bloß alleine weg!«

Das kennen Sie sicher, das »Und-du-Spiel«, das zu keiner Lösung führt. Wir müssen uns zuhören und nach Alternativen und Möglichkeiten für beide Partner suchen – wir suchen nach dem Reichtum und nicht nach dem Hindernis.

Sich scheinbar widersprechende Werte können unter anderem sein:

- Abenteuer – Nähe
- Freiheit – Sicherheit
- Freiheit – Geborgenheit
- Freiheit – Vertrauen
- Höflichkeit – Klarheit
- Sicherheit – Innovation
- Selbstbewusstsein – Anerkennung

Vermutlich wundern Sie sich längst darüber, warum ich hier ständig von sich *scheinbar* widersprechenden Werten spreche, denn bei manchen Wertepaaren, so denken Sie, liegt doch die Verschiedenheit mehr als deutlich auf der Hand.

Für mich widersprechen sich diese Werte deswegen nur *scheinbar*, weil ich glaube, dass wir in der gegenwärtigen Zeit des inneren oder äußeren Paarkonfliktes nur noch keine klaren Ideen darüber haben, wie zum Beispiel »Freiheit« und »Sicherheit im Alltag« miteinander zu vereinbaren sind. Ein paar Möglichkeiten habe ich hier schon angesprochen.

Was für dieses Wertepaar gilt, gilt auch für alle anderen: Wenn wir unser Miteinandersein genießen möchten, tut es unserer Paarbeziehung gut, Möglichkeiten zu finden, in denen beide Partner ihre Wertevorstellungen leben können. Wir können nicht nur lernen, unterschiedliche Werte miteinander zu verbinden, und damit etwas Neues wagen, wir können sogar das lernen und erkunden, was uns vielleicht als Wert bislang fremd war.

Wie könnte zum Beispiel das Paar »Sicherheit« und »Abenteuer« in einer Beziehung aussehen? Was ist ein sicheres Abenteuer? Vielleicht eine gemeinsame Bergtour, bei der ein Partner der Führer ist? Oder auf einer Party die Gewissheit haben, dass ich flirten darf, weil meine Beziehung sicher ist?

Häufig stellt sich bei genauerer Überlegung heraus, dass die einzelnen, sich scheinbar widersprechenden Werte gemeinsam viel intensiver erlebt werden können. Gibt es etwas Schöneres, als Freiheit zu leben, wenn man weiß, ich darf in die Geborgenheit zurückkehren? Die Geborgenheit macht dann erst ein wirklich stärkeres Maß an Freiheit möglich.

Margrit, 45 Jahre
»Ich bin vom Typ her sehr lebhaft und unternehmungslustig. Ständig habe ich neue Ideen. Peter ist eher ruhig. Er geht lieber nur einer Idee nach, verwirklicht die dann aber richtig. Wenn

wir im Garten arbeiten, könnte ich alles umgraben und säen und pflanzen. Er hingegen beschneidet ganz ruhig und umsichtig die Bäume. Ich lerne von ihm, bedächtiger zu sein, und er lernt von mir, manchmal ein wenig mehr Schwung in eine Sache zu bringen. Gemeinsam ergibt das für mich ein Ganzes. Wir entwickeln uns beide weiter, gerade weil wir so unterschiedlich sind.«

Wenn wir die gegensätzlichen Werte würdigen, haben wir eine große Chance, von beiden Werten zu profitieren. Auch wenn wir unser Leben vorher als einen »einzigen Missstand« erlebten. Trösten Sie sich! Wenn wir etwas verändern wollen, dann müssen wir es wahr-nehmen und dann kann es uns eine neue Richtung weisen. Welch ein Reichtum liegt in dieser Sicht für Ihre Partnerschaft!

Übung: Eigene Wünsche positiv formulieren

Achten Sie von nun an darauf, dass Sie stärker das formulieren, was Sie *möchten,* und nicht mehr das, was Sie *nicht* möchten. Sammeln Sie diese Wünsche und lesen Sie sie Ihrem Partner vor. Vielleicht möchten Sie gemeinsam mehr unternehmen, ins Kino gehen oder Zeit zum Sprechen haben. Sprechen Sie es genau so aus und vermeiden Sie Sätze wie »Du hast nie Zeit für mich!«. Sagen Sie vielmehr: »Ich möchte mit dir mal wieder ins Kino gehen.« Die eigenen Wünsche und Bedürfnisse sind für den Partner keine Befehle.

Die Macht der Gedanken

Dinge haben keine Bedeutung, sondern wir hauchen ihnen eine ein. Wenn Sie als Kind immer Sehnsucht nach einer bestimmten Schokolade hatten und diese nie bekamen, dann kann es sein, dass Sie sich als Erwachsener genau mit dieser Schokolade für Erfolge belohnen. Die Schokoladentafel selbst hat damit nichts zu tun. Unsere Gefühle, die mit Erinnerungen, Gedanken, Vorstellungen, Fantasien und Wünschen verbunden sind, beleben eine Situation oder einen Gegenstand.

Ob Sie über einen Stau auf der Autobahn wütend werden oder ihn als eine eingeschobene Ruhepause betrachten, liegt ganz an Ihnen. Im ersten Fall werden Sie sich ärgern, im anderen vielleicht ein wenig Musik hören und entspannen. Dem Stau macht das nichts – es ist ihm egal, wie sie mit ihm umgehen, er ist so lange, wie er ist. Sie haben die Macht, wie Sie Dinge und Umstände bewerten.

Genauso ist es in der Beziehung. Vermuten wir, dass unser Partner keinen Wert auf Ordnung legt, warten wir förmlich darauf, dass wir verstreute Socken in der Wohnung finden. Zu

Hause angekommen finden wir dann zwar keine Socken, aber vielleicht herrenlose Kronkorken oder schlampig zusammengelegte Tageszeitungen vor. »Ah ja«, ärgern wir uns, »ich hab's doch gewusst. Ich soll wieder die Putzfrau spielen!« Doch aufgefordert wurden wir eigentlich von niemandem. Den Socken, Zeitungen und Kronkorken ist es egal und unser Partner ist möglicherweise vielleicht sogar verletzt, da wir komplett übersehen haben, wie freundlich er uns begrüßte. Socken, Kronkorken usw. haben dann die Bedeutung von Missachtung und Respektlosigkeit und deshalb tun sie so weh.

> **Die kleinen Dinge schmerzen oft mehr als die großen.**

Wir bekommen, was wir denken

Man könnte sagen: »Wir bekommen, was wir denken!«, auch hinsichtlich unseres eigenen Lebens. Wenn wir uns attraktiv fühlen oder eine Kraft in uns spüren, die uns dazu ermuntert, »Bäume auszureißen«, dann wird das sicherlich nicht nur Wirkung in unserer Tagesgestaltung zeigen, sondern auch darin, wie Menschen uns begegnen. »Das Glas kann halb leer oder halb voll sein«, heißt der alte Spruch. Doch was steckt genauer dahinter? Der Glaube, dass das Glas halb leer ist, versetzt uns in einen Zustand der Bedürftigkeit. Wir haben Sehnsucht, aber wir denken: »Es ist nicht genug da!«, oder »Es war ja so oder so nie richtig viel für mich drin«.

Wenn das Glas Ihrer Partnerschaft halb leer ist, haben Sie möglicherweise den Eindruck, nicht genügend

- gemeinsame Zeit,
- Streicheleinheiten,
- Aufmerksamkeiten,

- Zuwendung,
- Sex,
- Geschenke,

etc. von Ihrem Partner zu erhalten.

Es gibt da eine Menge, was wir aufzählen können, wenn unser Blick in die Himmelsrichtung »Mangel« schaut. In unserem Kopf entstehen an diesen Tagen kleine Listen, die zu passender Gelegenheit wieder vorgezogen und erweitert werden. »Ich bin mal gespannt«, sagen wir dann bitter, »ob sie mich heute küsst. Sie hat es doch letzte Woche auch schon dreimal nicht richtig getan. Irgendwas stimmt da nicht!« Dummerweise belassen wir es nicht allein bei den Annahmen, sondern beginnen »Beweise« zu sammeln. Wir werden misstrauisch und argwöhnisch. Das Glas unserer Beziehung ist halb leer. Wir wollen mehr und bekommen es nicht.

Wenn das Glas halb voll ist, könnte der Satz hingegen etwa so lauten: »Sie hat in letzter Zeit den Kopf total voll. Schön, dass sie es trotzdem nicht vergisst, mich hin und wieder zu küssen.«

Könnte sein, dass Sie es jetzt mit der Angst zu tun bekommen, denn viele von uns sehen gerade in mangelnder Zuwendung oft einen Beweis dafür, dass mit der Beziehung etwas nicht stimmt. Wenn wir in uns nicht ruhen, nicht in Resonanz und Freude sind, suchen wir die Hilfe von außen. Die äußere Zuwendung soll dann den Mangel auffüllen, den wir in uns selbst so schmerzlich spüren.

»Findest du mich noch schön?«, fragen wir, weil wir uns selbst nicht wohl mit uns fühlen.

»Liebst du mich?«, wollen wir wissen und erwarten, dass unser Partner uns sagt, was an uns liebenswert ist. Wir selbst wissen es augenblicklich nicht.

Wenn wir auf diese Weise in unserem Umfeld forschen, nachhaken und fragen, geraten wir unbemerkt in eine Abhängigkeit von unserem Partner. Wir wollen, dass uns geholfen wird, aber helfen können doch nur wir uns selbst.

Ich bin der festen Meinung, dass eine angespannte Liebeslage sich in vielen verschiedenen Momenten zeigt und nicht nur in einer Phase der wenigen Küsse. In einer gleichwertigen Beziehung dürfen Sie zudem darauf vertrauen, dass Ihr Partner mit Ihnen spricht, sollte er ein Problem mit der Beziehung haben.

Glaubenssätze bestimmen unsere Rollen und unsere Regeln

Unsere Glaubenssätze bestimmen, wie unsere Werte und Rollen gelebt werden – welche Bedeutung wir unserem Umfeld und den Geschehnissen beimessen. Glaubenssätze, auch Beliefs genannt, bestimmen unser Weltbild, unsere Vorstellung von Realität und entsprechend dazu, wie wir darauf reagieren und in der Welt auftreten. Glaubenssätze sind vom einem starken Gefühl der Bestimmtheit gekennzeichnet, das durch erlebte Erfahrungen belebt wird: »Ah ja, sie schaut wieder so schräg. Das liegt sicher daran, dass ich gerade ein Buch lese. Gestern war das doch auch schon so.« – Wie gefällt Ihnen denn dieser Glaubenssatz: »Ich vertraue darauf, dass unsere Beziehung offen und ehrlich ist«?

Ereignisse sind mit Gefühlen und inneren Dialogen gekoppelt. Dieses Duo, Gefühle und innerer Dialog, entscheidet über die Qualität des Lebens. Geht zum Beispiel ein Mensch davon aus, dass sein Partner sich freut, wenn er nach Hause kommt, dass er gerne mit ihm zusammen ist, dann wird er anders die Haustür öffnen, als wenn er davon ausgeht, dass er stört, sobald er des Abends daheim auftaucht.

Übung: Die Macht der Gedanken

Beobachten Sie Ihre inneren Reaktionen, die Bilder, die in Ihnen aufsteigen, Ihr Gefühl, wenn Sie denken:

»Ich kann mich doch abrackern, wie ich will, dass meiste ist eh nicht zu schaffen. Manchmal denke ich, ich soll nur von allem ein Mittelmaß bekommen: eine durchschnittliche, langweilige Beziehung und einen durchschnittlichen, aber anstrengenden Beruf. Will ich mal mehr vom Glück erfahren, muss ich hart kämpfen. Es fällt mir nichts in den Schoß.«

So. Genug. Stehen Sie auf und schütteln Sie sich, damit sich die Gedanken aus Ihrem Kopf wieder verflüchtigen. Wenden wir uns einer anderen Sichtweise zu. Wieder bitte ich Sie, auf innere Bilder, Gefühls- und Körperreaktionen zu achten.

»Genau genommen bin ich ein kleines Glückskind. Ohne dass ich viel dafür tue, bekomme ich das, was ich brauche. Es gibt da eine Quelle, einen Ort in mir drin, der mich nährt, schützt und versorgt und der auch in meine Beziehung ein ganz besonderes Licht bringt. Mein/e Partner/in und ich leben eine wunderbare Gemeinschaft und jeder Tag mit ihr/ihm ist spannend und neu für mich.«

Ja, das fühlt sich gut an! Wir werden bei diesen Gedanken groß, sehen viele Farben und ein Lächeln zieht über unser Gesicht. Wir werden stark, für uns und unsere Beziehung, wenn wir solche Glaubenssätze verinnerlicht haben. Nichts kann uns so schnell diese Sicherheit nehmen und wir gehen in dieser Sicherheit auf den Partner zu. Sex ist nicht allein Erotik und »Austausch von Körpersäften«, sondern gestaltet sich zu einer inneren Verbindung und Begegnung. Das ist es doch, was wir wollen. Diesen Apfel

> möchten wir essen. Den und keinen anderen! Wenn das aber so ist, dann kommen wir nicht herum, unsere Gedankengestaltung zu betrachten.
> Wie wir über eine Situation oder einen Menschen denken, zeigt, wie wir gleich auf ihn zugehen oder die Situation gestalten werden. Unsere Wahrnehmung wird von unseren Glaubenssätzen bestimmt. Wir interpretieren, beurteilen, agieren und reagieren auf der Grundlage unserer Annahmen und Vorstellungen. Wenn wir unser Verhalten auf diese Glaubenssysteme zurückführen, wird uns auf einmal klar, warum wir *so* handelten und nicht anders.

Jens, 34 Jahre
»Ich empfinde mich selbst oft ein wenig als langweilig. Es fehlt mir der richtige Witz, die richtige Energie. Wenn ich mit Menschen zusammen bin und beobachte, wie jemand gähnt, dann beziehe ich das gerne auf mich. Ich werde dann schlagartig noch stiller und verlasse bald die Runde. Es liegt an mir, überlege ich dann, an meiner Qualität als Unterhalter, und ich empfinde mich als eine besondere Art von Ballast. Dass Pia mich mögen könnte, habe ich aus diesem Grund lange für unmöglich gehalten. Sie ist so ein quirliger Mensch. Ich dachte, sie empfindet mich als zu unbelebt. In einem Gespräch betitelte sie diese Unbelebtheit als Nachdenklichkeit. Irgendwie verwandelte sich mein Unvermögen dadurch in eine Qualität und ich stellte fest, dass mein Verhalten auch so gesehen werden kann. Nicht nur von Pia – auch von mir!«

Die Macht der Liebe

Wie schwer es uns fällt, »positiv« zu denken, veranschaulicht eine kleine Übung:

> **Übung: Drei Minuten Positives**
>
> Setzen Sie sich hin und legen Sie eine Uhr vor sich hin. Nun bitte ich Sie, sich drei Minuten mit der wunderbaren Qualität Ihrer Beziehung auseinander zu setzen. Zählen Sie auf, was alles wunderbar ist und wovon Sie nicht genug bekommen können. Finden Sie mindestens zehn Qualitäten Ihrer Beziehung und Liebe füreinander.
> Drei Minuten können ziemlich lang werden, stimmt's? Ich bin mir sicher, fünf Minuten hätten nicht gereicht, hätte ich Sie dazu aufgefordert, aufzuzählen, was gerade nicht stimmt und verbesserungswürdig in ihrer Beziehung ist.

Beliefs und Glaubenssätze entspringen nicht immer unserem eigenen Leben. Sehr oft schleppen wir sie aus der Kindheit mit, das heißt, wir haben die Beliefs unserer Eltern, Großeltern, der Familie übernommen und versuchen die Sehnsüchte von anderen zu leben. Auch die Kultur, in der wir aufwachsen, prägt das, was wir glauben und von dem wir überzeugt sind. Jetzt als Erwachsene sind wir in der reichen Situation, uns entscheiden zu können: An was möchten wir glauben und mit welchen Augen möchten wir in die Welt blicken? Das Verhalten eines Menschen wird durch unseren Blick schlüssig und folgerichtig – auch wenn es nicht den Tatsachen entspricht.

»Gedankenhygiene« zu betreiben heißt Verantwortung für seine Gedanken zu übernehmen. Die Gedanken bestimmen unsere inneren Bilder unserer Rollen. Lassen Sie sich oft in Ihre Träume und Wünsche mitnehmen und lassen Sie sich dort Bilder für Ihre Rollen und Wünsche schenken. Wenn Sie sich täglich Zeit nehmen, um zu Ihren Plätzen von Ruhe und Frieden zu kommen, dann können Sie Ihre innere Musik hören, Ihren Rhythmus spüren und dieses Kribbeln wird weiterhin Sie selbst und Ihre Partnerschaft beleben. Sie fühlen sich dann eingebettet in ein Ganzes, in die Natur, ins Universum und brauchen nicht mehr alles vom Partner einzufordern.

Streiten kann man lernen

Anders sein ist Reichtum

Es ist eigentlich merkwürdig: Wir suchen uns meist PartnerInnen aus, die sehr anders sind als wir selbst und dann löst genau dieses Anderssein die meisten Streite aus.

Was passiert da? Wie wir bei den verschiedenen Rollen gesehen haben, beherrschen wir einige Rollen besser, einige schlechter und einige gar nicht. Oder wir haben ganz unterschiedliche Werte, die verschiedene Richtungen vorgeben. Es scheint, dass wir uns häufig Partner aussuchen, die das haben, was wir nicht haben:

- Sie kann spielen und mit viel Leichtigkeit den Alltag leben (Kindsein), er liebt es, Verantwortung zu übernehmen (Vaterrolle).
- Sie liebt die Geborgenheit der Familie, er will Abenteuer.
- Für ihn ist Sicherheit ganz wichtig, sie will Freiheit.

- Sie will Mutter sein und für ihn sorgen, er will Erotik (»Mann«-Rolle).
- Er möchte viele Freunde haben, sie will gerne allein und zu Hause sein.

Diese Liste könnte man beliebig fortsetzen. Die Wahl des so anderen Partners bedeutet, dass wir genau dieses andere vom Partner lernen wollen. Da uns das aber nicht bewusst ist, nörgeln wir am anderen herum, wollen unsere Meinung durchsetzen und können nicht sagen: »Ich will das können, was du kannst. Bitte lehre es mich!« Wäre unsere Beziehung anders, könnten wir sagen:

- »Ich will lernen, das Alleinsein zu genießen, und ich will lernen, auf Freunde zuzugehen.«
- »Ich will lernen, mich als Vater wohl zu fühlen, und ich will lernen, mich als Frau erotisch zu fühlen.«
- »Wir beide lernen aus der Kombination eine gemeinsame Richtung finden: eine sichere Freiheit und eine freie Sicherheit.«
- »Wir finden eine abenteuerliche Geborgenheit und ein geborgenes Abenteuer.«
- »Ich will von dir › Annehmen‹ lernen und dir › Verantwortung‹ übertragen.«

Lassen Sie uns nun Schritt für Schritt vorgehen und diese versteckten Unterschiede oder besser versteckten Schätze finden, untersuchen und entdecken, wie diese Reichtümer beschaffen sein können.

Alltägliche Kleinigkeiten sind mit uns wichtigen Werten verbunden

»Um was geht es eigentlich wirklich?« Diese Frage versuchen wir als Erstes zu beantworten, wenn Paare zu mir kommen und sich über allerlei Missstände in der Beziehung beschweren.

»Er ist *immer* unpünktlich.«
»Und sie hat *blöde* Freundinnen.«
»Sie will *immer* mit ihren Eltern sein.«
»Sie meckert und nörgelt *dauernd* herum.«
»Er hat *nur* sein Hobby im Kopf.«
»Warum trägt er nicht *auch mal* den Mülleimer nach unten?«
»Und warum wechselt sie beim Auto *niemals* Öl?«

Je intensiver wir eine Beziehung leben und den Alltag miteinander teilen, desto schneller kann es uns passieren, dass wir in ganz banale Streitigkeiten abrutschen. Volle Mülleimer, herumliegende Kleidungsstücke, ein leerer Kühlschrank und die berühmte Zahnpastatube besetzen nur die ersten Plätze dieser besonderen Hitliste. Was allein über eine Tube gestritten und scheinbar verhandelt werden kann! Sie

- ist falsch zugedreht,
- ist gar nicht zugedreht,
- ist grob ausgequetscht,
- ist nicht vollständig ausgequetscht,
- liegt am falschen Platz,
- ist gar nicht zu finden oder
- hat die falsche Geschmacksrichtung.

Nun hat sich zwar die Kosmetikindustrie allerlei einfallen lassen – viele Tuben sind aus Plastik und lassen sich gar nicht mehr richtig ausdrücken oder es handelt sich um Standspender, die nicht mehr zugeschraubt werden –, allein, es hat den Paaren nichts genutzt. Immer finden Sie etwas anderes und ist es nicht die Tube, na dann eben die Haarbürste, die schmuddelig und voller Haare auf der Spiegelablage liegt.

Um was geht es also wirklich? Um die Tube? Die Zahnpasta? Das Geschirr? Den Ölwechsel? Dinge an sich haben keine Bedeutung, möchte ich hier nochmals betonen. Wir geben der Zahnpastatube ihre Bedeutung und Größe, sodass es uns ärgert, wenn ihr Deckel nicht richtig sitzt. Die kleinen Dinge ärgern uns, weil wir den kleinen Dingen eine besonders große Bedeutung geben. Es geht nicht um die Socken, die herumliegen, sondern wir sehen in ihnen den Ausdruck von Missachtung und Respektlosigkeit. Es geht auch nicht um den Müll, der nicht heruntergetragen wird, sondern um die Würdigung und Achtung der Haushaltsarbeit.

»Ich würde gerne sogar noch mehr geben, wenn er es überhaupt achten würde«, erklärte mir eine junge Frau. »Dass unser Haushalt trotz der Kinder und neben meiner Arbeit im Büro funktioniert, sieht er nicht. Wenn er dann seine Zeitung im Sessel achtlos liegen lässt, könnte ich platzen, weil ich mich und meine Mühe mit Füßen getreten sehe.«

Wir wünschen uns, dass uns unser Partner respektvoll behandelt, und fühlen diesen *Respekt* verletzt, wenn er dies oder das nicht so tut, wie wir es erwarten. Um auf uns aufmerksam zu machen, beginnen wir zu schimpfen und zu zetern. »Räum das weg!«, motzen wir, aber in Wirklichkeit möchten wir sagen: »Lobe mich doch endlich mal für meine Mühe!« In der Regel sehen wir nur das gezeigte Verhalten. »Wie ist die denn wieder drauf?«, denken wir, oder: »Der spinnt wohl!«

> **Statt unsere Wünsche zu äußern, nörgeln wir am anderen herum.**

Es bräuchte nur einen kleinen Blick hinter das gezeigte Verhalten und schon würden wir erkennen, dass unser Partner in diesem Augenblick viel eher ein kleines Kind ist, das weint und enttäuscht ist, als der wütende Feger, der gerade durch unsere Wohnung jagt. Wenn wir das Kind sehen, das traurig ist, dann ist der äußere Ausdruck, das gezeigte Verhalten für uns nichts anderes als ein Wunsch, eine Sehnsucht, die gesehen sein will. Damit können wir umgehen und die Sehnsucht muss sich nicht ein neues Gebiet aussuchen, um auf sich aufmerksam zu machen. Wir können ab diesem Moment mit unserem Partner um das *Wirkliche* verhandeln.

Martina, 46 Jahre
»Zu unserem 20. Hochzeitstag schenkte mir mein Mann als kleine winzige Beigabe eine kleine Zange, mittels der man Zahnpastatuben besser aufdrehen kann. Es war eine Anspielung auf unsere morgendlichen Zweikämpfe im Bad. Bald schon stellte ich fest, dass ich anfing, mich über das Waschbecken aufzuregen, das ich immer putzen muss. ›Du findest immer was, das dich aufregt‹, sagte er darauf lakonisch. Leider muss ich zugeben, dass das stimmt. Ich finde immer was. Ist das nicht schrecklich?«

Solange wir nicht wissen, was uns wirklich bedrückt, und solange wir nicht äußern, was wir wirklich wollen, so lange werden Zahnpastatuben eine Wertigkeit erhalten, die ihnen nicht zusteht. Die Vereinbarung von gemeinsamen Regeln ist ein Schutz im täglichen Miteinander und für sich selbst. Wo sind die persönlichen Grenzen? Bis wohin geht es? Ab wann nicht mehr weiter? Was kann ich gerade noch aushalten und wo ist ein Gespräch dringend erforderlich? Wie sehe ich die Liebe zwischen mir und meinem Partner? Wie stark sind un-

> **Gemeinsame Regeln bestimmen, wie die Werte zu leben sind.**

ser Glauben und das Vertrauen, dass wir füreinander spüren und miteinander leben?

Glaube und Vertrauen werden letztendlich tatsächlich auch über Regeln dokumentiert und festgeschrieben. Wenn Sie davon ausgehen, dass Ihr Partner Sie bei einem Seitensprung informiert, er dies aber tatsächlich nicht tut, dann bedeutet die Verletzung dieser Regel auch eine tiefe Verletzung des Herzens. Wir werden unsicher und unser Glaube ist erschüttert.

Im Alltag verursachen Zahnpastatuben hin und wieder eine ähnliche Erschütterung. Wir fühlen uns missachtet und nicht geliebt, wenn unser Partner auf unser Bedürfnis der »geschlossenen Tube« keine Rücksicht nimmt. »Er liebt mich nicht«, denken wir, »denn wenn er mich lieben würde, dann würde er doch darauf achten!«

Dinge und Gegenstände bekommen so auf magische Weise eine Größe, die sie nicht haben. Wir verstecken uns hinter ihnen. Mit »verstecken« meine ich, dass sich in uns in diesem Augenblick ein Bedürfnis meldet, das wir nicht wagen auszudrücken. Die Zahnpastatube steht dann für den Gutenmorgenkuss, der uns fehlt, oder für die Zuwendung durch ein Gespräch, für ein fehlendes Kompliment, für eine Freude, die sich nicht zeigt. Etwas hindert uns, dieses Bedürfnis oder diesen Ärger klar zu formulieren. Wir weichen aus, indem wir uns über die Unterhosen ärgern, die mal wieder mitten auf dem Schlafzimmerteppich liegen.

Übung: Was wollen Sie wirklich?

Hören Sie sich selbst aufmerksam zu. Immer wenn Sie etwas vom anderen möchten und innerlich denken: »Er soll endlich ... tun!«, überlegen Sie sich, was Sie wirklich wollen, was Sie sich wünschen oder erwarten, und versuchen Sie Ihr Bedürfnis zu formulieren. Sehr häufig sehnt sich unser Partner nach dem Gleichen wie wir selbst. Wagen Sie es also, mal wieder »Küss mich!« zu sagen.

Wenn Sie in Zukunft denken: »Er soll ...«, oder: »Sie hat ...«, dann sprudeln Sie mit Ihrer Aufforderung nicht gleich heraus. »Was brauche ich?« ist die Frage, die vor dem »Befehl« an den anderen kommt. Also:

- Was brauche ich?
- Was fehlt mir?
- Was ist meine Sehnsucht?

Wenn Sie Ihrem Partner sagen, was Sie sich wünschen, dann hat er noch immer die Freiheit, diesen Wunsch zu erfüllen oder nicht. Er ist frei in seiner Handlung und seine Gabe ist ein Geschenk. Sie selbst haben dadurch die Möglichkeit, sich einen Wunsch selbst zu erfüllen oder zu überprüfen, ob es sich bei ihm überhaupt um einen Wunsch von Ihnen handelt. Häufiger, als es uns bewusst ist, sprechen wir die Wünsche und Lebensvorstellungen unserer Eltern und Ursprungsfamilien aus. Falls Sie erkennen, dass es sich zum Beispiel bei dem Wunsch um »mehr Sauberkeit« eigentlich um einen Wunsch Ihrer Mutter handelt, dann überlegen Sie genau, ob Sie diesen Wunsch so übernehmen möchten oder ob es an der Zeit ist, ein neues, persönliches Maß zu definieren.

Vier Dinge, über die in Beziehungen sehr häufig gestritten wird:

1. Der andere hat etwas, das ich gerne hätte:
   »Seine dauernde Fröhlichkeit nervt mich!«, denken wir und haben eigentlich nur den Wunsch, selbst unbekümmert zu sein.
2. Der andere hält uns einen Spiegel vor:
   »Wieso ist er so besserwisserisch!«, schimpfen wir und ärgern uns darüber, dass wir selbst so oft besserwisserisch sind.
3. Ein Anker wird ausgelöst: Wir erinnern uns an etwas, das nicht mehr ist.
   »Sie schmatzt!«, registrieren wir genervt, weil unser Vater immer schmatzte und uns das als Kind verhasst war.
4. Das Ziel ist unklar: Beide Partner gehen davon aus, dass sie das Gleiche wollen.
   »Endlich wieder Partnerabend!«, denkt sie und möchte ausführlich mit ihm reden. »Endlich Partnerabend!«, denkt er und möchte ausgelassen sein und keine Probleme diskutieren.

Bereits die Kenntnis darüber, dass es diese »Schwachstellen« gibt, hilft uns im Moment des Streites genauer hinzuhören, hinzusehen und hinzufühlen, bevor wir in den Streit tatsächlich »einsteigen«. Das Wissen hilft uns den Verlauf des Streites zu lenken, zu verändern oder gar in eine völlig neue Richtung zu steuern.

Erste Hilfe, wenn's dennoch kracht

Voraussetzung ist, dass Ihnen Ihre Partnerschaft wichtig ist und sie sich zueinander bekennen und zueinander immer wieder ja sagen.

- Vereinbaren Sie, dass der Partner, der als Erster bemerkt, dass Sie sich in Richtung sinnloser Streit bewegen, ein Signal gibt.
- Unterbrechen Sie alte Muster. Wenn Sie immer am Küchentisch streiten, dann nennen Sie diesen Tisch ab jetzt »Friedenstisch« und suchen sich einen anderen »Streitplatz«. Allein die Bewegung in einen anderen Raum kann den Streit in eine völlig neue Richtung lenken.
- Gibt es ein äußerliches Signal, auf das Sie so gereizt reagieren? Zum Beispiel einen bestimmten Blick, ein Augenbrauenzucken, eine Bewegung mit der Hand? Wenn dem so ist, dann werden Sie nicht mehr hören, was der andere wirklich sagt, so Sie dieses »Signal« erhalten. Deuten Sie das Signal um. Wir können Signale immer wieder aufs Neue mit anderen Bedeutungen koppeln. Sagen Sie sich zum Beispiel: »Wenn er so schaut, dann ist er an mir und meiner Meinung ganz ernsthaft interessiert!«

> Zueinander immer wieder ja sagen

- Viele Menschen sind in einem Streit, obwohl sie »äußerlich« schimpfen, mit den Gedanken ganz innen. Wenn Sie das bei Ihrem Partner bemerken, »holen« Sie ihn raus. Klatschen Sie in die Hände, streicheln Sie ihn sanft am Arm, lächeln Sie. Alles, was ungewohnt ist, kann diesen Sog nach innen unterbrechen. Menschen, die »innen« sind, sind mit den Gedanken weit weg, in der Vergangenheit oder Zukunft, auf jeden Fall sind sie nicht »da«. Liebe bedeutet auf den Partner einzugehen, ihn zu sich zu holen und

ihm die Sicherheit zu geben, dass in diesem Moment alles da ist, was er braucht.
- Zuhören! In welcher Rolle befindet sich gerade Ihr Partner? Versorgen Sie das »Kind«, das sich vielleicht meldet, und gehen Sie nicht auf den Erwachsenen ein.
- Ungewohnt reagieren und nicht das Verhalten, sondern die Bedeutung sehen. Wenn Ihr Partner wütend nach Hause kommt, nicht wütend reagieren, sondern vielleicht einmal fragen: »Mensch, was hast du heute alles einstecken müssen, dass du so sauer bist?«
- Verhalten ist abhängig von Gefühlen und Gefühle sind davon abhängig, was ich gerade denke und welche Körperhaltung ich in diesem Augenblick einnehme. Wenn unsere Gefühle dunkel und hart sind, dann sind auch unser Körper und unser Verhalten hart und »dunkel«. Die Körperhaltung zu verändern heißt die Gefühle zu verändern und das gezeigte Verhalten. Versuchen Sie in einer aufrechten Haltung und mit einem Lächeln auf den Lippen sich mürrisch zu fühlen. Es klappt nicht! Das Gefühl folgt unserer Körperhaltung und unser Verhalten folgt dem Gefühl. Unterbrechen Sie Ihre eigenen Körpermuster, indem Sie auf Ihre Haltung, die innere und äußere, achten.
- Entdecken Sie nach einem Streit am anderen Morgen Ihren Partner so, als wäre er ein Wunder!

Paare, denen es nicht so gut geht, streiten sich schnell in einen Teufelskreislauf hinein. Sie bekommen dann vor weiteren Streitigkeiten Angst, weil es doch »so schlimm« war, und streiten deswegen lieber seltener.

Paare, denen es gut geht, streiten häufiger, sie entdecken unbewusst die angebotenen Rollen und finden im Streit schneller Entscheidungsmöglichkeiten. Der Streit geht konstruktiv aus.

Streit heißt, dass beide Partner eine andere Meinung haben. Wenn wir neugierig auf diese andere Meinung sind, ist der

Austausch darüber eine Bereicherung und Streit wird nicht zu einem Hindernis für die Beziehung. Nichts wird dann persönlich genommen, gegen die eigene Person, sondern ist ein Wegweiser, den anderen noch besser kennen zu lernen. Die andere Meinung wird zu einem Diskussionsbeitrag, das gemeinsame Thema wird durch die Diskussion bereichert. Mit Neugier und etwas Disziplin wird der Streit zum Spiel: Einer der Partner wirft eine Idee in die Runde, der andere greift sie auf und wirft sie wieder zurück.

Oft streiten sich Menschen, um einfach miteinander in Kontakt zu sein, um einen anderen festzuhalten oder weil sie damit sagen möchten: »Ich will mehr Zeit mit dir verbringen!« Wenn Ihnen dies bekannt vorkommt, dann haben Sie sicherlich zukünftig neue Ideen, wie Sie sich diese Wünsche auch ohne Streit erfüllen können.

Häufig streiten beide Partner um das Gleiche, ohne es zu merken. Beide wollen Zuwendung, Entlastung oder Würdigung in einer Sache. Beide beschweren sich beim anderen, ohne zu merken, dass sie dasselbe Bedürfnis haben. Fast so, als stünden beide vor demselben Haus, der eine nur vor der Vorderfront und der andere im Garten. Anstatt dass beide sich zeigen, verbeißen sie sich in ihre »Ansicht«.

> Ich lade dich in meine Welt ein.

Die Zukunft heißt: Ich lade dich zu mir ein! Es wird nie so sein, dass zwei Menschen zur gleichen Zeit das Gleiche wollen, das Gleiche empfinden und gleich bewerten – auch wenn wir uns das noch so sehr ersehnen. In der Einladung bereichern wir uns am Erleben des Partners und hören auf, uns gegenseitig über den »Tisch zu ziehen«, denn:

Jedes Verhalten hat eine positive Absicht

Aus Erfahrung weiß ich, dass die meisten Menschen bei dieser Aussage erbost aufbegehren wollen. »Was?«, möchten sie am liebsten herausplatzen, »dieser Mensch, der mich nichts als nötigt, nervt und unfreundlich behandelt, soll damit eine positive Absicht verfolgen? Nie und nimmer!« Auch wenn Sie es nicht glauben, selbst in einem Streit versuchen die meisten Menschen nur ihr Bestes zu geben. Sie wollen es »recht« machen, Verständnis beim anderen erreichen oder haben die Hoffnung, dass er trotz des Wutausbruches das verletzte Kind in ihnen sieht.

Aus einem Katalog von Verhaltensmöglichkeiten wählen wir in jeder Sekunde unseres Lebens diejenige aus, die uns am ökonomischsten erscheint. Ökonomisch bedeutet in diesem Zusammenhang, dass das Verhalten zu unserem Leben und zu unserer Umgebung passt. Wir wollen uns einerseits verständlich machen, andererseits niemanden »verärgern«. Wir essen mit Messer und Gabel, wenn wir mit anderen sind – es ist ökonomischer, Tischmanieren zu beweisen, denn ansonsten sitzen wir sehr bald allein vor unserem Teller. Es geht um Gemeinschaft und ums Überleben, ein uralter Trieb in uns ist die Kompassnadel in unserem Handeln, Auftreten und Denken.

An jedem Tag unseres Lebens tarieren wir aus, was in unser Leben »passt« und was »überflüssig« geworden ist. Ohne es zu merken! In unserer Welt, die undurchsichtig und hektisch ist, wählt unser Unterbewusstsein pausenlos die Reaktionen aus, die unser Überleben sichern. Und so kommt es, dass wir für uns ein absolut korrektes Verhalten zeigen, unser Gegenüber jedoch seine Probleme damit hat. »Warum machst du das?«, werden wir erbost gefragt, und ein »Ich verstehe dich einfach nicht!« gibt uns emotional den Rest. In unserer »Welt« und Sichtweise war doch alles klar. Wir wollten doch nur …

Ja, was wollten wir eigentlich? Wir wollten es gut machen, für uns und für die anderen. Dabei haben wir andere Lösungsmöglichkeiten eventuell übersehen. Drei Lösungsmöglichkeiten sind besser als nur eine, denn mit drei Möglichkeiten haben wir eine Wahl. Unser Partner möchte auch im Streit uns nahe sein. Versuchen Sie herauszufinden, was ihn wirklich quält oder was sie Ihnen wirklich sagen möchte.

> **Was siehst du, was ich nicht sehe?**

»Was möchtest du mir sagen?«
»Was kann ich tun, damit es dir besser geht?«
»Wie kann ich es dir erklären, damit du mich verstehst?«

Ab jetzt geht es nicht mehr um »Ich habe Recht!« und »Er will immer Recht haben«, sondern es geht um die Lösung, und die stellt die Frage: »Was siehst du? Lass mich es auch sehen!«

Fragen sind ein erster Schritt. In einem Streit wollen oft beide Partner es gut machen ... helfen wir uns dabei!

Übung: Was hat Sie verletzt?

Wenn Sie Groll in sich verspüren, sprechen Sie ihn aus. Eine Unzufriedenheit, die hinuntergeschluckt wird, verkleinert sich weder, noch verschwindet sie, sondern zeigt viel eher die Tendenz, sich zu vergrößern.

Sagen Sie, was Sie verletzt hat und was Sie sich anders wünschen. Der andere darf darauf nichts sagen, muss aber, das ist das Besondere an dieser Übung, in drei Tagen schriftlich darauf reagieren. Anschließend kann diskutiert werden.

Wenn wir auf einen Vorwurf, ein Bedürfnis unseres Partners reagieren wollen, müssen wir beginnen zuzuhören und darüber nachzudenken. Mit dieser Übung nehmen wir uns dafür Zeit. Wir denken nach, spüren unseren eigenen Bedürfnissen nach, formulieren in Ruhe, was wir sagen möchten, und teilen unsere Gedanken dann später schriftlich mit. In drei Tagen kann allerlei geschehen. Möglicherweise hat auch Ihr Partner nachgedacht und ist auf Ihre Gedanken sehr gespannt! Wie auch immer, mit einem Brief wählen Sie eine zusätzliche Form, um auf neue Weise miteinander zu kommunizieren.

Eine weitere hilfreiche Übung, um aus einer festgefahrenen Schleife herauszukommen:

Übung: Eine Stunde warten

Wenn Sie sich über etwas bei Ihrem Partner ärgern, sagen Sie sich: Ich schaue mir den Ärger in einer Stunde genau an und bis dahin leg ich ihn zur Seite.

Vielleicht hilft Ihnen zum Abschluss folgende Aussage:

Ein Problem ist eine Fähigkeit, die am falschen Ort zur falschen Zeit mit der falschen Person gelebt wird.

Ist dann nicht jedes Problem eine Chance, die uns in eine neue Richtung, zu neuen Lösungen führt?

Mit allen Sinnen lieben und im Augenblick leben

Egal, in welchem Jahr und an welchem Tag Sie dieses Buch in Händen halten, ist es doch möglich, dass Sie sich mit Ihrer Aufmerksamkeit in einer ganz anderen Zeit bewegen. Unsere Aufmerksamkeit wird ständig durch Erinnerung und Vorannahmen beeinflusst. Als gutes Beispiel dafür dient mir immer ein Dialog, den ich in einem Park verfolgte:

> **In welcher Zeit leben Sie?**

Ein Paar betrachtete ein wunderbar gestaltetes Rosenbeet.
    Die Frau sagte zum Mann: »Schau, wie schön! Das Beet ist genauso gestaltet wie das, das wir in Italien sahen. Die haben die Rosen auch zu Stöcken gebunden.«
    Daraufhin er: »Ja, das war ganz wunderbar. Es war ein schöner Urlaub, wir hatten so viel Zeit miteinander und lachten viel!«

Sicherlich kennen Sie Unterhaltungen dieser Art. Wir begegnen Ihnen ständig und je bewusster Sie sich selbst oder anderen zuhören, desto häufiger wird Ihnen auffallen, dass sich Menschen gedanklich nicht an dem Ort befinden, an dem sie sich gerade aufhalten. Unsere Gedanken lenken uns permanent von dem ab, was gerade um uns herum geschieht, und führen uns von der Situation fort, in der wir augenblicklich leben.

Für das oben genannte Paar bedeutet das, dass zwar beide spazieren gehen, aber eben nicht an diesem Sonntag in diesem Park. Für den jungen Mann scheint es sogar so zu sein, dass er es bedauert, nicht in Italien zu sein und nicht so viel Zeit wie damals zu haben, obwohl gerade Sonntag ist und obwohl er gerade freie Zeit mit seiner Partnerin verbringt. Er ist unzufrieden, sehnt sich nach etwas anderem und woanders hin. Beide Partner sind, wenn wir so wollen, körperlich gemeinsam, jedoch gedanklich sehr weit voneinander entfernt. Sie verbringen gemeinsam Zeit, ohne sie gemeinsam zu verbringen.

Unsere Gedanken springen häufig, ohne dass wir dies bewusst registrieren, und kaum sind wir mit unseren Gedanken in einer bestimmten Situation oder an einem bestimmten Ort, werden auch unsere Gefühle, die mit dieser Situation verbunden sind, sofort aktiviert. Sie können sich »wegträumen« oder plötzlich sauer werden, weil Sie an Tante Bertas Geburtstag denken und sich erinnern, wie schlecht Sie sich auf dieser Feier fühlten. Schon ist Ihnen auch der jetzige Moment »versaut«. Die Gedanken zu bändigen fällt uns schwer. Wir müssen uns darauf konzentrieren, was wir denken, und üben, im Hier und Jetzt zu sein.

> **Aufmerksamkeit ist Energie.**

> **Übung: Die Zauberworte verzaubern jede Tätigkeit**
>
> Versuchen Sie mehrfach am Tag sich auf den Moment, den Platz und die Situation zu konzentrieren, die Sie gerade erleben. Wenn Sie im Garten arbeiten, betrachten Sie die Pflanzen, spüren Sie die Erde, die Luft. Wenn Sie Geschirr abspülen, spülen Sie Geschirr, spüren das Wasser, hören die Geräusche und betrachten die verschiedenen Gegenstände. Wenn Ihre Gedanken zu wandern beginnen, holen Sie sie wieder zu der Situation zurück, in der Sie sich in dem Moment befinden, und betrachten Sie bewusst etwas Schönes. Und: Wenn Sie mit Ihrem Partner schmusen, schmusen Sie mit Ihrem Partner und spüren, riechen Sie ihn/sie und sehen Sie alle Kleinigkeiten, die Sie an ihm/ihr so lieben.

Zärtlichkeit und Sex können ein Cocktail der Gefühle und Empfindungen sein – oder eine lauwarme Suppe. Wir können bei dem Genuss zugegen sein oder gedanklich in der Gegend herumspazieren. Es ist wie mit einem Fünfgängemenü vor dem Fernseher: Wir werden zwar satt, aber wir wissen nicht mehr, was wir gegessen haben und wie die einzelnen Zutaten geschmeckt haben.

Wenn man verschiedene Menschen befragt, dann äußern sie den Wunsch, besonders in der Sexualität mit ihrem Partner zu entspannen und dass diese lebendiger wird. Die Realität sieht anders aus. Sexualität ist für viele zum Stressfaktor Nummer eins geworden. Karriereplanung, Kinder, die Versorgung der alten Eltern und berufliche Verpflichtungen verwandeln das zärtliche Treffen zu einem geplanten und routinierten »Meeting« am Abend, für das man keine neuen Ideen und keine zusätzliche Kraft mehr aufbringen kann und möchte. Es ist uns zu viel. Alles. Es gibt so viel, das uns ablenkt, an das wir unbedingt noch denken müssen oder das vorgeht. Wer unter Stress steht und die Sinnlichkeit in eine »Angelegenheit« verwandelt, hat allerdings keine Chance, zärtliche Stunden zu genießen.

Jasmin, 39 Jahre
»Kaum sind die Kinder über Nacht bei meinen Eltern, ist klar, dass ›es‹ dran ist. Ich will aber Erotik und Sex nicht nach Fahrplan. Am liebsten hätte ich an den Tagen einfach mal meine Ruhe. Ich würde mich gerne um mich selbst kümmern. Aber das geht nicht. Kaum sind die Kinder weg, ist er dran. Es macht mir so keinen Spaß. Wie soll ich das meinem Mann erklären? Ich möchte mit ihm genießen und weiß selbst nicht mehr, wie das geht. Ich bin auch keine 30 Jahre mehr alt!«

Sich der Sinnlichkeit hinzugeben ist ein Akt des Fließens, der Resonanz. Sie können sich Sinnlichkeit nicht »verordnen«, sondern es ist ein Wasser der Empfindungen, in das wir langsam gleiten und in das wir wagen, immer mal wieder ein Stückchen tiefer einzutauchen. Die Erfahrung und der Genuss lehren uns mit der Zeit, dass wir darin nicht untergehen, nicht ersticken, nicht nackt sind und auch, dass wir nichts falsch machen können. Es braucht keinen Schwimmkurs für dieses Gewässer, denn die Bewegung ist uns von der Natur bereits mitgegeben. Um was es geht, ist die Natürlichkeit, die Einzigartigkeit. Das Sich-Einlassen und die Erlaubnis, sich Freiräume zu schaffen, damit wir wieder gemeinsam genießen können. Wenn wir in uns klar sind und klar mit unserem Partner, dann sind wir mit ihm in Resonanz und jedes Spiel sowie jede Auseinandersetzung ist miteinander möglich.

> **Sinnlichkeit ist im Fluss sein, in Resonanz sein.**

Sich mit allen Sinnen zu lieben heißt alle Sinne einzuschalten, ganz bewusst, im Hier und Jetzt und ohne ein Abschweifen der Gedanken. Wir spüren in dem Augenblick unserer eigenen Lust nach und können die Lust unseres Partners deutlicher wahrnehmen. Unter den verschiedenen Sinnen verstehen wir

- Sehen
- Riechen
- Schmecken
- Fühlen
- Hören

Wir nehmen das Leben über diese Sinne auf und bringen uns mit unseren Sinnen ein. Ohne die Sinne sind wir »nichts«. Schon wenn ein Sinn fehlt oder beeinträchtigt ist, ist unsere Wahrnehmung eingeschränkt. Unser Körper reagiert in diesem Fall so, dass er einen anderen Sinn erstarken lässt. Denken Sie nur daran, wie gut Sie auf einmal hören, wenn Ihre Augen zugebunden sind oder wenn es dunkel ist. Der fehlende Sinn schränkt uns insofern ein, als wir den üppigen Rausch der Sinne nicht voll und ganz genießen können.

> Unsere fünf Sinne sind die Bausteine, mit denen wir alles machen können.

Einem gesunden Menschen stehen alle Sinne zur Verfügung, doch nicht jeder gesunde Mensch nutzt sie auch. Meist steht ein Sinn im Vordergrund – ohne dass uns das bewusst ist.

Seinem eigenen – bevorzugten – Sinn auf die Spur zu kommen erfordert etwas Übung. Wir müssen uns eine Weile genau beobachten, bis wir wissen, welcher Sinn bei uns an erster Stelle steht.

Manche Menschen hören besser, als dass sie etwas riechen. Wenn sie in den Wald gehen, lauschen sie den Vogelstimmen, hören sie das Knacken im Geäst, aber sie riechen nicht so sehr die Pilze und sie nehmen auch nicht so sehr den weichen Waldboden unter den Füßen wahr, bis jemand sagt: »Spürst du das auch?«, »Riechst du den Wald?« Bei anderen Menschen ist der Geschmackssinn sehr ausgeprägt. In einem Restaurant verweilen sie stundenlang bei einem guten Essen und einem guten Wein. Sie müssen dazu nicht reden, keine Musik hören. Wenn sie über ein gutes Essen sprechen, kommen sie ins Schwelgen, und wenn sie auf der Straße sind, stolpern sie gelegentlich über eine Stufe, die sie »einfach nicht gesehen« haben.

Übung: Mit allen Sinnen hier und jetzt

Nehmen Sie sich einen Moment Zeit, schauen Sie sich um und sehen Sie alles, was im Moment alles da ist ...

Dann richten Sie die Aufmerksamkeit auf alles, was Sie im Moment hören können ... Was passiert mit dem Sehen? Zumindest ist es weniger präsent.

Nun richten Sie Ihre Aufmerksamkeit auf alles, was Sie im Moment spüren ... Was passiert nun mit dem Sehen und Hören? Viele schließen jetzt sogar die Augen.

Wir treffen dauernd Entscheidungen, auf was wir unsere Aufmerksamkeit richten – wie wir unsere Sinne gebrauchen wollen. Für ein gelungenes Miteinander ist es hilfreich, über seine eigenen Wahrnehmungen Bescheid zu wissen und die des Partners zu kennen.

Matthias, 45 Jahre
»Wenn wir uns streiten, dann will sie alles klären und stundenlang darüber *reden*. Das Thema wird von allen möglichen Seiten aufgerollt und wieder und wieder diskutiert. Wir beteuern uns beide viele Male, dass wir uns wieder gut sind, und suchen nach Handlungsalternativen. Für mich ist das ehrlich gesagt

sehr anstrengend. Ich mache es mit, weil ich weiß, dass Nadine das braucht, aber mir ist nach einem Streit nach Stille und einer Weile Nur-miteinander-Sein. Ich will Nadine dann *fühlen*. Das ist für mich die schönste Versöhnung, wenn ich sie und mich wieder spüren darf. Reden könnte für mich noch warten. Eine Zeit Redepause wäre gut.«

Nehmen wir mal an, Matthias würde diesem inneren Wunsch nachgeben, ohne es Nadine zu erklären, wie würde sie wohl reagieren? »Du ziehst dich einfach zurück!«, würde sie vielleicht empört schimpfen, »nie willst du reden!« Und prompt hinge der Haussegen erneut beträchtlich schief.

Wenn wir wissen, welcher Sinn oder welche Sinne bei uns am deutlichsten ausgeprägt und trainiert sind, können wir dieses Wissen nutzen. »Ah ja«, könnte Nadine dann denken, »Matthias braucht ein wenig Pause. Am besten streichle ich ihn mal ein wenig und dann sprechen wir danach.« Und wie könnte Matthias reagieren? Nun, erst einmal könnte er sein Bedürfnis ernst nehmen und sagen: »Ich kann nicht gleich sprechen. Komm erst mal und setz dich neben mich, später reden wir.« Gleichzeitig wüsste er aber auch, dass Nadine das nicht drei Stunden aushält. Es ist wie immer: Wo zwei Bedürfnisse sind, müssen wir die Mitte finden.

Da die Sinneswahrnehmungen aber tatsächlich auf Training reagieren, wäre es für beide schön, sich nicht auf ihrem »Standardsinn« auszuruhen. Sinne können ähnlich wie schwache Muskeln trainiert und ausgebildet werden. Nichts muss so bleiben, wie es ist.

Jeder Alltag bietet viele Gelegenheiten, die eigene Sinnlichkeit zu entdecken und zu schulen. Wie ist es zum Beispiel, wenn Sie sich etwas Neues zum Anziehen kaufen? Hören Sie nur auf den Kommentar Ihres Partners oder erfühlen und erstreicheln Sie das Material? Vielleicht hören Sie, ob es knistert, wollen wissen, wie es riecht ... nun, hineinbeißen werden Sie vermutlich nicht! Je nachdem, wie Sie wählen, können Sie nun versuchen, auch den anderen Sinnen bewusst nachzuspüren. Der Stoff fühlt sich gut an, doch wie riecht er?

Sie sehen, selbst ein ganz gewöhnlicher Kleiderkauf kann zu einer rundum sinnlichen Erfahrung werden. Auch in der Sexualität sind wir oftmals durch einen Sinn »blockiert«. Wir genießen nicht das ganze Angebot, sondern beschränken uns. Wir fühlen dann nur oder wünschen uns etwas zu hören. Unsere Gedanken spazieren durch Raum und Zeit und wir beobachten unsicher unseren Partner, ob es ihm »wohl auch gefällt«. Die negativen oder belastenden Gedanken beschäftigen uns vielleicht so sehr, dass wir gar nicht mehr wissen, wie wir in das Spiel der Liebe eintauchen sollen. Die Sinne sind ausgeschaltet, wir lassen uns von ihnen nicht verzaubern.

In jedem unserer Sinne ist eine Vielfalt von Geschenken, Verführung, Erotik und Energie verborgen. Bereits wenn wir willens sind, auf diese Botschaften zu achten, eröffnet sich uns das Tor zu diesem ganz besonderen Erlebnispark. Nun gilt es zu kosten und die Vielfalt zu probieren. Wie schmeckt etwas, wir riecht unser Partner, wie fühlen sich die kleinen Härchen an? Sie können mit den Sinneseindrücken spielen und sie immer wieder neu erweitern.

Hier einige Vorschläge:

Ein besonderer Duft

Gefühl und Geruch sind miteinander sehr vertraut. Wir nehmen einen Duft wahr und ein Gefühl steigt in uns auf. Unseren Partner können wir an seinem Körpergeruch erkennen. Kaum denken wir daran, fallen uns viele schöne Stunden ein. Sie können diesen Sinn nutzen, indem Sie nach Düften suchen, die Sie und Ihren Partner anregen und die ein gemeinsames Erlebnis schaffen. Vielleicht ist es ein gemeinsames Bad in Vanille oder

Lotus. Kann auch sein, dass Sie Orangenblüten lieben. Möglicherweise ist es aber auch der morgendliche Duft von Kaffee und frischen Brötchen, der Ihnen sofort den Kopf verdreht und der Sie dazu verführt, noch einen Moment länger im warmen Bett zu bleiben ... aber denken Sie daran: Nicht zu lange, sonst werden die Croissants im Ofen viel zu braun! Erinnern Sie sich an »Ihren Duft« in jeder vorher beschriebenen Rolle.

> Düfte sind Eilzüge zu intensiven Erinnerungen und Erfahrungen.

Eine schöne Stimme, eine melancholische Melodie

Nahezu jedes Paar hat seinen erklärten Lieblingssong. Manchmal ist es das Lied, zu der man das erste Mal gemeinsam tanzte oder das einem die erste Liebeserklärung über die Lippen lockte. Wir tanzen aus Lust, Liebe und Freude. Wir hören, was unser Partner zu uns sagte, und auch die Stimmen von anderen klingen in uns nach. Der Ausdruck von sexueller Lust und Lebensfreude, der zum Beispiel in der Salsa-Musik liegt, ermuntert uns auf neue, aufreizende Weise, diese Emotionen auszudrücken. Das ist oft ein sehr betörendes Erlebnis, wenn Sie bislang nur Foxtrott tanzten.

> Der Ton macht die Musik.

Schlechte Laune, Depression können sich im Tanz nicht halten. Fröhliche Musik, weiche Bewegungen verändern auch unsere Stimmung. Afrikanische Tänze können uns vielleicht zur »Frau« machen. Trommeltanz kann uns in Trance bringen. Stepptanz macht die Beine schön. Walzer kann uns das Gefühl zu schweben geben. Im Bett zu liegen und einer ausgewählten Musik zu lauschen kann ein wunderschönes Erlebnis sein. Wir hören neben der Musik den Atem unseres Partners, lauschen auf seine lieben Worte und sind ganz »Ohr« in diesem Moment.

Erinnern Sie sich an »Ihre Musik« zu allen fünf Rollen.

Ein richtig gutes Essen

Hören Sie auf, über Kalorien und Diäten nachzudenken, und lassen Sie es sich einfach schmecken! Am besten mit geschlossenen Augen und allen Geschmacksnerven, die es gibt. Veranstalten Sie ein Picknick im Wohnzimmer oder im Grünen. Schmecken Sie verschiedenen Früchten nach und überraschen Sie sich gegenseitig mit Köstlichkeiten, die Sie noch nicht kennen. Erraten Sie einen Geschmack mit verbundenen Augen! Genießen Sie Geschmack und Duft von exklusivem Tee oder kleinen, zarten Süßigkeiten. Unsere Küche hat eine Menge für alle Sinne zu bieten. Schmecken, sehen, riechen Sie. Der Volksmund weiß es schon lange, dass ein gutes Essen weit mehr als nur eine Angelegenheit des Magens ist.

> **Liebe geht durch den Magen.**

Ein Festakt für die Haut

Was für ein besonderer Sinn! Was für ein Gefühl, wenn jemand über unsere Haut fährt, uns den Nacken mit den Fingern entlangstreicht! Wenn Stoff uns durch die Hände gleitet. Die unterschiedliche Struktur von Papier. Sicherlich kennen auch Sie das wohlige Frösteln der Haut nach einem Saunagang. Den ganzen Tag sind unsere Finger in Bewegung. Sie tasten, ertasten, fühlen, bewerten. Oft nehmen wir das gar nicht mehr richtig wahr und dadurch entgeht uns ein Quell der Freude. Erst wenn wir beim Tasten die

> **Achtsamkeit können wir von der Natur lernen.**

Augen einen Moment lang schließen, wird uns der Dienst unserer Hände voll bewusst.

Oder erspüren Sie die besondere Schwingung eines Baumes, der Erde oder des Partners oder der Partnerin ... Plätze und Personen haben eine besondere Atmosphäre, eine besondere Schwingung.

Ein ganz besonderer Augenschmaus

Kaum öffnen wir am Morgen unsere Augen, nehmen wir Eindrücke aus dem Äußeren wahr. Wir sehen. Manches davon sehen wir bewusst, manches unbewusst – es fliegt dann wie bei einer Fahrt mit dem Zug nur so an uns vorbei –, manches davon stimmt uns froh und manches bedenklich. Wir sehen und geben unseren Gefühlen damit eine Botschaft. Ein Bettler kann uns traurig stimmen, ein toter Vogel verlassen, ein bunter Blumenstrauß kann trösten oder Freude bringen und eine winterliche Landschaft macht uns vielleicht melancholisch. Das, was wir sehen, liegt manchmal in unserer Macht, manchmal nicht.

> Wir können innere oder äußere Bilder betrachten.

Sie können sich und diesem Sinn eine ganz besondere Freude machen, wenn Sie Bilder, Farben und Pflanzen ganz bewusst als Augenschmaus in Ihrer Umgebung aufhängen oder hinstellen. Sie können sich einen Farbkasten holen, um in den Farben zu »baden«. In einem bunt leuchtenden Herbstwald mit den Augen spazieren gehen, nur um sich bewusst zu machen, welche Üppigkeit an Farben und Formen die Natur zu bieten hat und wie Sie diese Üppigkeit mitspüren. Oder ein buntes Blumenbeet im Park. Stellen Sie sich davor und lassen Sie sich beschenken! Und nicht zuletzt auch unsere Kleidung. Die Farben, die wir tragen, sind Botschaften für unser Gefühl. Wie wäre es, das kleine Schwarze mit einem kleinen Roten auszutauschen oder im Alltag mal völlig neue Farben auszuprobieren? Beobachten Sie sich, was die Farben mit Ihnen machen, und ziehen Sie nichts an, was Ihre Stimmung drückt.

Seine fünf Sinne zu kennen und bewusst mit ihnen zu spielen ist ein Quell der Freude – auch für Ihre Partnerschaft. Sich in neuen Farben zu bewegen, neue Düfte zu probieren, sich in einem neuen Kleid zu zeigen ist wie ein neuer Ausdruck seiner selbst. Menschen, die sich wandeln, sind spannend und ermutigen ihr Umfeld, auch etwas Neues zu wagen. Und sei es nur, das erdfarbene Kleid mit einem sonnengelben auszutauschen.

Ganzheitliches Erleben in allen Sinnen

Diese Erfahrung kennt jeder, wenn alles rundherum versinkt und wir ganz im Moment oder ganz in einer Tätigkeit aufgehen. Alle Sinne sind dann vorhanden und wir sind in einem ganz entspannten Zustand. Die moderne Gehirnforschung hat uns dazu viele Informationen gegeben. Diese ganzheitlichen Erlebnisse können verschiedene Tiefen erreichen, Alpha-, Beta-, Gamma- oder Deltazustände, und ermöglichen neben der sinnlichen Qualität auch ganz spezielle Erfolge. Leistungssportler oder Musiker erleben diesen besonderen Zustand, wenn sie im Wettkampf sind oder im Konzert spielen. Sie sind in sich und mit ihrem Umfeld »eins« – in Resonanz.

Eine volle Erfahrung erleben wir, wenn alle fünf Sinne aktiv sind.

So wie die Sportler und Musiker können auch wir dieses ganzheitliche Erlebnis üben und lernen, um unsere Partnerschaft immer wieder intensiv und verlockend erleben zu können.

Übung: Resonanz – innere Ruhe

Achtsam sein mit sich und dem Umfeld und annehmen, was auf dem Weg liegt – es ist immer alles da, was Sie brauchen.

Machen Sie es sich bequem, sitzen oder liegen Sie, entweder im Raum oder in der Natur. Schließen Sie die Augen und nehmen Sie das Geschenk der Sonne an, die immer für Sie scheint, auch wenn sie versteckt ist. Nun sagen Sie beim Einatmen »Sonne« und beim Ausatmen nehmen Sie das Geschenk der Sonne an und sagen »warm und hell«. Dabei wird jede Zelle in Ihrem Körper warm und hell und alles, was an Schmutz in Ihnen ist, fließt hinaus, wie Schmerz, Frust, Angst oder Ärger, bis Sie ganz hell und warm sind, dann fließt »hell und warm« als Geschenk weiter in die Erde und das Umfeld und Sie erleben Geben und Nehmen gleichzeitig.

Sie setzen den Atem mit folgenden Geschenken fort:

Einatmen	*Ausatmen*
Sonne	warm und hell – Geschenk der Sonne
Blume	klar und frisch – Geschenk der Blume
Baum	fest und sicher – Geschenk des Baumes
Bach	fließen und glucksen – Geschenk des Baches
Bergsee	ruhig und still – Geschenk des Sees

Diese Übung ist für Paare besonders wichtig, weil sie dazu verhilft, jederzeit alles zu bekommen, was wir brauchen, und wir nicht immer wieder darauf warten müssen, dass der Partner uns das Richtige gibt. Nur was ich selber habe, kann ich auch weitergeben. Gleichzeitig wird die Balance von »bewusst« und »unbewusst« geschult. Indem ich bewusst »Sonne« etc. sage, beginnt im Unbewussten ein Suchprozess, der alle Antworten und Geschenke sucht, die dazu passen.

Rituale beleben Ihre Partnerschaft

Wie schön, dass es Rituale gibt! Rituale haben die Kraft, aus einem alltäglichen, ganz gewöhnlichen Morgen einen festlichen Geburtstag zu machen. Rituale lassen uns hoffnungsfroh in der Silvesternacht ein neues Jahr beginnen und Rituale verwandeln eine ganz unauffällige Geschichte in ein besonderes Süße-Träume-Märchen für unser Kind.

Jeder Tag wird durch Rituale und kleine ritualisierte Momente strukturiert und geschmückt. Oft bemerken wir es gar nicht, wenn wir gerade eine ritualisierte Handlung vollziehen, sondern es fällt uns viel eher auf, wenn ein Ritual ausfällt. Da haben wir uns in der Familie immer an den Händen gefasst, bevor wir mit dem Essen begannen, auf einmal soll dies abgeschafft werden! Zu verbraucht und altmodisch, die Geste! »Nein«, rufen alle empört am Tisch, »gerade das war doch so schön!« Rituale können zu Beginn störend wirken. »Schon wieder«, denkt man sich, und: »Das ist doch nicht notwen-

> Rituale setzen einen Rahmen – »man kennt sich aus«.

dig!« Kaum haben wir uns jedoch an ein Ritual gewöhnt, möchten wir uns darauf verlassen können. Wir möchten

- uns mit einem Kuss begrüßen und verabschieden,
- Jahrestage mit Kerzen und Geschenken feiern,
- sonntags einen Spaziergang, Kaffee und Kuchen oder ein gemeinsames Frühstück im Bett,
- am Weihnachtsabend Geschenke und einen Tannenbaum,
- an Ostern Ostereier auch für die Erwachsenen.

Kinder brauchen Rituale, um sich in der Erwachsenenwelt zurechtzufinden. Rituale haben in unserer schnellen Zeit aber auch für Erwachsene einen immer größer werdenden Stellenwert. Unbewusste Botschaften werden durch Rituale in unser Gehirn transportiert und dort verarbeitet. Findet ein gewohntes Ritual statt, ist das für unsere Seele wie die Botschaft »Alles in Ordnung!«. Fehlt das Ritual, sind wir beunruhigt, manchmal sogar misstrauisch. »Etwas stimmt nicht«, sprechen wir mit uns und versuchen zu ergründen, was genau dazu geführt hat, dass das Ritual auf einmal fehlt.

Kinder können ohne ihre gewohnte Märchenstunde zur Nacht nicht einschlafen und Erwachsene wälzen sich von einer Seite zur anderen, nimmt ihr Partner sie nicht, wie jeden Abend, vor dem Einschlafen noch einmal in den Arm. Wir möchten auf vertraute Rituale nicht verzichten. Sie geben uns nicht nur das Gefühl von Vertrautheit, sondern bringen in eine Beziehung einen ganz besonderen Glanz. Wenn wir so wollen, sind Rituale die Perle in der Auster. Rituale setzen in den rauen Alltag unseres Beziehungslebens kleine Inseln der Verbundenheit und des Wohlgefühls. Miteinander ein Ritual zu begehen verströmt Wärme und taucht eine alltägliche Handlung in ein besonderes Licht. Selbst wenn wir bereits das Gefühl haben, genügend Rituale mit unserem Partner zu leben, macht es Sinn und Freude, gemeinsam neue zu finden und miteinander in den Beziehungsablauf einzuplanen. Rituale beleben und sind das Beet für Freude, Austausch und körperliche Begegnung.

Ein Ritual, so kann man es auch im *Kleinen Prinzen* von Antoine de Saint-Exupéry lesen, ist das, »was einen Tag vom anderen unterscheidet, eine Stunde von der anderen Stunde«. Unsere Vorfahren nannten Rituale deswegen auch Brauch. Die Bräuche von damals finden wir heute zum Teil veraltet, manche entdecken wir gerade neu und wieder andere sind gerade deshalb modern und beliebt, weil sie ursprünglich einer anderen Zeit angehörten.

Denken Sie an das Ritual – den Brauch – eines Heiratsantrages. In den 60er-Jahren galt es als absolut rückständig und verpönt, die Eltern auf diese Weise um den »Segen« zu bitten. Heute finden sich immer wieder junge Männer, die tatsächlich um die Hand der Liebsten bei deren Eltern anhalten. Auch erwachsene Kinder sehnen sich nach der schützenden Hand der Eltern. Rituale wie der Antrag bei den Eltern sind ein Symbol für die besondere Eltern-Kind-Beziehung. Wenn Sie sich nun wieder an das Rollenmodell erinnern, wird Ihnen sehr schnell bewusst, warum. Die Rollen sind in diesem Augenblick ganz klar und deutlich zu erkennen!

Ein ähnliches, für manche veraltetes und überflüssiges Ritual ist der Besuch der Eltern in den Weihnachtstagen. Wir mögen uns sträuben und nach Ausreden suchen, »richtig Weihnachten« ist am Ende doch nur, wenn wir – und sei es nur für eine Stunde – auch mit unseren Eltern unter dem Tannenbaum gesessen sind und uns mit kleinen Geschenken eine kleine Freude gemacht haben. Das weihnachtliche Beisammensein mit Familie und Freunden ist ein ganz besonderes Ritual.

Was wir aus einem Brauch machen, wie wir ein Ritual sehen, wie wir es bewerten und in unser Leben integrieren, liegt ganz in unserer Macht. Wir selbst haben den Zauberstab in der Hand, wenn es darum geht, einen Moment zu ritualisieren. Eine kleine Handlung wird zu einem großen Augenblick.

Als Paar können wir uns unsere ureigensten Rituale schaffen. Es liegt in unserer ureigensten Kreativität, kleine Situationen und bestimmte Verabredungen zu einem Ritual zu erhöhen und mit dieser Vereinbarung unsere Partnerschaft von einer anderen Beziehung zu unterscheiden. Ein Ritual ist ein kraftvoller Moment der Erinnerung an das, was wir uns als Paar bedeuten und was wir gemeinsam leben möchten.

Welche Rituale können Sie in Ihrem Beziehungsalltag leben? Sie können zum Beispiel

- sich bestimmte Zeichen wählen, die nur Ihnen sagen, dass Sie sich lieben,
- sich gegenseitig mit einem Glas Saft oder duftenden Kaffee wecken,
- das gemeinsame Steh-Frühstück in einen »Guten-Morgen-Moment« verwandeln,
- das Frühstück ab jetzt den »gemeinsamen Beginn des Tages« nennen,
- sich um die Mittagszeit anrufen, um auch während der Arbeitszeit den Kontakt zu halten,
- sich am Abend zusammen auf die Couch setzen und sich erzählen, »wie der Tag so war«,
- aus dem Hochzeitstag mehr machen als ein gemeinsames Essen in einem teuren Restaurant,
- einen Abend pro Woche gemeinsam nur für sich gestalten. Es kann sich immer um den gleichen Wochentag handeln (»Mittwoch ist unser Paarabend«) oder er kann frei verabredet werden,
- ein Wochenende pro Monat nur der »Frau/Mann«-Beziehung freihalten.

Es kann etwas sehr Besonderes sein, ein gemeinsames Ritual zu finden und es in der Beziehung achtungsvoll zu leben. Rituale sind jedoch nicht nur bestimmte Zeichen und Handlungen, sondern häufig auch an bestimmte Orte gebunden. Erinnern Sie sich an das Gutenachtmärchen für ein Kind. Dieses Ritual funktioniert nur zusammengekuschelt im Bett oder wenn Mutter oder Vater an der Bettkante sitzt. Auch in Kissen und Decken gewickelt auf der Couch sitzend können wir solch eine Geschichte in einen kleinen gemeinsamen Moment vor dem Zubettgehen verwandeln. Aber angezogen am Küchentisch? Da funktioniert das Gutenachtmärchen vermutlich nicht.

> Für jede Rolle gibt es Rituale, Wiedererkennungen, eine Musik, einen Platz ...

Die meisten Plätze in der Wohnung sind bewusst oder unbewusst mit bestimmten Ritualen verknüpft. Das Bad ist eine kleine intime Wellnessoase. Der Hobbykeller ein kreativer Raum, in dem die Sauberkeit vielleicht nur eine untergeordnete Rolle spielt. Der Garten ein Ort der Ruhe und leisen Gespräche.

Es stabilisiert eine Beziehung, wenn beide Partner nicht nur gemeinsame Rituale finden, sondern auch verschiedene Plätze und Räumlichkeiten unterschiedlichen Ritualen zuordnen. Diese Vereinbarungen könnten etwa so lauten:

- Am Küchentisch wird nur gegessen.
- Im Wohnzimmer finden die Beziehungsgespräche und Alltagsdiskussionen statt.
- Im Bett sprechen wir über unsere Seele, über das, was uns freut und bedrückt.
- Wer sich zurückziehen möchte, geht ins Gästezimmer und schließt die Tür.
- Wenn jemand im Bad ist, klopfen wir an und stürmen nicht hinein.
- Wenn wir uns zum gemeinsamen Essen hinsetzen, halten wir einen Moment inne und fassen einander an der Hand.

- Wir sind achtsam und zeigen, dass wir es merken, wenn unser Partner den Tisch schön gedeckt hat.
- Wer in der Küche ist, darf kochen, und der andere hält sich aus den Kochvorgängen raus.
- Ein Dankeschön am Tisch würdigt, dass unser Partner gekocht hat.

Rituale helfen einer Beziehung, sich im »Alltagsrummel« nicht zu verlieren. Wir kommen dann »heim«. Es kann ein besonderes Ritual sein, am Abend eine halbe Stunde miteinander spazieren zu gehen, um über den Tag zu sprechen. Viele Hundebesitzer kennen dieses Ritual. Sie gehen gemeinsam »mit dem Hund«. Wie wäre es, mit oder ohne Hund, gemeinsam mit dem Partner »um die Ecke« zu gehen?

Ich selbst liebe das Ritual, am Abend kurz vor dem Einschlafen noch gemeinsam eine Musik zu hören und dazu eine Tasse Tee zu trinken.

Auf gemeinsame Rituale können sich beide Partner freuen. Das ist ihr besonderer Gewinn. Wir wissen, bald ist Mittwoch, unser Partnerabend, und sind gespannt, was wir miteinander unternehmen werden. Ein leises Kribbeln der Vorfreude macht sich in unserem Herzen breit. Rituale sind eine wortlose Verständigung darüber, dass wir Verantwortung übernehmen, abgeben und teilen können. Zum Beispiel: Wenn einer kocht, dann macht der andere die Küche. Wir müssen nicht immer wieder neu diskutieren, sondern haben nun eine Verabredung und ein Ritual.

Alle fünf Rollen sollten über einen bestimmten Zeitraum ihren Platz und ihre Zeit haben, sonst wird das Gefühl von »Es fehlt was« schnell wieder entstehen.

Ein Ritual für das Erleben von Resonanz

Um in sich und gemeinsam mit dem Partner Resonanz zu genießen – um die besondere Schwingung, das Kribbeln zu spüren –, ist es notwendig, dass wir jeden Tag an unserem Ort der Ruhe und Stille vorbeikommen. Es ist wie mit guten Freundschaften: Wenn wir uns nicht kümmern, werden sie verkümmern. Wenn wir uns nicht selbst lieben, können wir nicht andere lieben und können uns nicht lieben lassen.

> Zeit und Platz für Stille und Ruhe

Wenn Sie sich einen Platz in Ihrer Wohnung eingerichtet haben, an dem Sie nur für sich sind und das tun, was für Sie angenehm ist, dann werden Sie immer, wenn Sie sich zu diesem Platz begeben, ganz schnell in die Erinnerung Ihrer Intensität eintauchen. Wenn dies nun auch noch täglich zu einer bestimmten Zeit ist, werden Sie sich auf diese Zeit und auf diesen Platz freuen. Das kann Yoga sein, irgendetwas für den Körper oder Meditation, es kann mit Tönen klingen und vieles mehr. Es sollte so sein, dass Sie sich täglich auf diese Zeit der inneren Stille, auf das Spüren Ihrer Einzigartigkeit, Ihrer Resonanz freuen, das heißt, dass Sie sich lebendig fühlen.

Man kann das mit vier Zimmern vergleichen, die jeder von uns besitzt. Diese vier Zimmer sollten wir täglich besuchen oder zumindest lüften:

Ein Zimmer ist für den Körper. Hier freuen wir uns, dass unser Körper so ist, wie er ist, und wir nehmen ihn täglich wie ein Wunder an und sind dankbar.

> Vier Zimmer für Selbstbewusstsein und Resonanz

Ein Zimmer ist für die Gefühle. Bei diesem Besuch nehmen wir achtsam alle Gefühle an und wählen, welche wir leben wollen, welche uns gut tun und welche wir ziehen lassen.

Ein Zimmer ist für die Gedanken. Hier wählen wir, welche Bilder wir betrachten und uns erträumen und welche wir uns nicht mehr antun, weil sie uns Schmerzen zufügen.

Ein Zimmer ist für die Spiritualität. Hier ist der Platz für Selbstbewusstsein. Wenn wir glauben, dass wir in ein großes Ganzes eingebettet sind, dann sind wir »zu Hause« und vertrauen auf die innere und äußere Führung – und vertrauen damit uns selbst. Wir haben Selbst-Bewusstsein.

Diese Zimmer geben uns täglich Vertrauen, Ruhe und Kraft und lassen uns erfahren, dass wir alles in uns haben. Wir brauchen dann nicht mehr darauf zu warten, dass der Partner uns all das geben muss. Wir sind selbst verantwortlich und bereit, diese Schönheiten und Weisheiten mit dem anderen zu teilen, statt permanent zu fordern.

Ein geglücktes Leben bedarf der Anerkennung und Würdigung der eigenen Bedürfnisse und Sehnsüchte. Eine glückliche Beziehung hat Momente, in denen sich der Dualismus aufhebt und wir aus den Polaritäten unseres Verschiedenseins einen gemeinsamen Reichtum erschaffen. Gemeinsame Rituale können solch ein Reichtum sein.

Gemeinsam den inneren Frieden immer wieder genießen und die gemeinsame Liebe und Intensität spüren

Sie können sich gemeinsam einen Platz einrichten, wo Sie gemeinsam meditieren und ihre inneren Vorstellungen von Frieden, Liebe und Glück miteinander immer wieder neu beleben: entweder für die Beziehung in ihrer Ganzheit oder für bestimmte Rollen, die im »Einschlafen« sind.

Sich Visionen und Vorstellungen vom Unbewussten schenken lassen

Wenn Sie zusammen mit Ihrem Partner sind und müde und gereizt, können Sie folgende Übung machen. Noch besser ist es, wenn Sie diese Übung sooft wie möglich gemeinsam machen, um Schwierigkeiten vorzubeugen oder um Probleme zu Herausforderungen werden zu lassen, an denen Sie gemeinsam wachsen können. Resonanz hilft uns, geschützt in jeder kritischen Situation handlungsfähig zu bleiben:

Übung: Aus Problemen werden Herausforderungen

- Achten Sie auf Ihre *Körperhaltung*. Richten Sie sich auf und machen Sie sich's bequem. Sollten Sie wieder zusammensinken, richten Sie sich immer wieder auf. Menschen mit positiven Gedanken haben eine aufrechte Körperhaltung.
- Achten Sie auf Ihren *Atem*. Nehmen Sie Ihren Atem wahr, wie er herein- und hinausfließt, wie er tief in den Bauch fließt, bis in die Zehen und die Fingerspitzen ...
- Meditation: Lernen Sie nach innen zu Ihren Schätzen, zu Ihrer Weisheit, Schönheit und Liebe zu gehen, dort wo alles vorhanden ist, was Sie brauchen. Immer wenn Ihre Gedanken Sie ablenken, gehen Sie zurück zu Ihrem Atemfluss, und Sie werden bemerken, wie Ihre Gedanken sich aufzulösen beginnen.
- Sagen Sie sich Ihre *Zauberworte* (Farben, Melodie, Duft etc.) und spüren Sie, wie diese Ihren inneren Fluss im ganzen Körper lebendig werden lassen. Ziele können so mit Respekt und Achtung erreicht werden.

Jede Partnerschaft ist anders – Ihre ist besonders!

Gehen wir ins Kino, um einen romantischen Liebesfilm zu sehen, dann beschleicht uns nicht selten auch ein Gefühl von Melancholie und seufzender Unzufriedenheit. Heimlich gestehen wir uns ein: »So eine Liebe möchte ich auch finden oder leben!« Dann geht das Licht im Kino wieder an und wir denken uns ganz schnell: »Ach, das war ja nur eine filmische Romanze. In Wirklichkeit gibt es solche Lieben nicht, und überhaupt, Beziehungsalltag wird ja nie gezeigt.« Es kann auch sein, dass wir nach Büroschluss einen Arbeitskollegen aus dem Auge heraus beobachten und lauschen, wie er von seiner Frau mit einer heftigen Umarmung begrüßt wird: »Als hätten die sich 100 Jahre nicht gesehen!«, denken wir und empfinden neben dem Spott auch ein kleines bisschen Neid. Wir wünschen uns für unser Leben ebenfalls eine Beziehung, die voller Spannung, Überraschung, Sex und Aufregung ist.

Filme, Romane und andere Beziehungen können uns eine Idee von dem geben, was wir vermissen und gerne leben würden. Allein, es scheint uns, wir könnten diese Vorbilder, diese Idee von einer glückhaften Beziehung auf unser persönliches Leben nicht übertragen. Hilflos stehen wir vor den Plakaten unseres inneren Wunschfilmprogramms und wissen nicht, wie wir das, was wir gerne hätten, ins Leben übertragen können.

Nun, wenn es mal wieder so weit ist und Sie diese oder eine ähnliche Unzufriedenheit in sich verspüren, dann erinnern Sie sich daran, dass Sie bereits auf dem Weg sind und mit der Lektüre dieses Buches sicher auch schon das eine oder andere verändert haben. Sie haben bestimmte Informationen erhalten, die es Ihnen ermöglichen, Ihr Beziehungsleben neu zu definieren und auszuschmücken. Bestimmt haben Sie verschiedene Vorschläge bereits umgesetzt und in Ihr Leben integriert. Es besteht also »kein Grund zur Panik«, sondern Sie dürfen viel eher »frohen Mutes« sein, dass sich in Ihrer Partnerschaft spürbar etwas erneuert und verändert.

Sie und Ihr Partner beziehungsweise Ihre Partnerin haben einen eigenen Film, einen Roman oder ein Drama. Je nachdem, was Sie daraus machen und durch welchen Filter Sie Ihre Beziehung betrachten. Ein Schauspieler antwortete neulich auf die Frage, wie lange er verheiratet sei: »Fünf Tage«, dabei waren es bereits fünf Jahre. Er erklärte im Anschluss, dass er die Spannung in der Liebe behalten wolle, und das geht natürlich einfacher, wenn wir uns vorstellen, wir würden unseren Partner erst seit wenigen Tagen kennen.

Probieren Sie es doch einmal aus. Wenn Sie heute Abend mit Ihrem Partner zusammentreffen, stellen Sie sich vor, Sie würden einander nur eine knappe Woche kennen. Alles ist noch neu. Sie betrachten ihn oder sie mit großen, runden Augen und sind gespannt auf alles, was er sagt. Der Fernseher bleibt aus und Sie reden den ganzen Abend miteinander. Sich zuzuhören ist spannender als jeder Krimi, denken Sie und entdecken verwundert, wie hübsch sich das Haar Ihres Partners (Ihrer Partnerin) in seinem (ihrem) Nacken kräuselt.

Erlauben Sie sich den Versuch, den Arm Ihres Partners an diesem Abend zu berühren, als sei es eines der ersten Male. Wie fühlt sich seine Haut an? Vielleicht bekommen Sie Lust auf mehr und möchten diesen Körper Stück für Stück erforschen. Wie sieht es aus unter diesem Hemd? Und die Füße? Welche Form haben sie?

Es gibt sehr viel zu entdecken, wenn wir uns auf unsere Beziehung erneut spielerisch und mit Neugier einlassen. Der Blick ist dann auf *unsere* Liebe gerichtet und nicht auf eine andere Liebe, ein Bild, das wir nachmachen, nachleben wollen und auf uns übertragen. Wenn wir begreifen, dass wir selbst alles mitbringen, dann kehrt Ruhe in das aufgewühlte Wasserglas ein und wir können schauen, welche Schätze bereits in unserer Beziehung schlummern oder welche neu geweckt werden wollen.

Eine Liebe, die jung bleiben möchte

Eine Liebe, die jung bleiben möchte, braucht

- *Visionen*
  Was sind unsere gemeinsamen Vorstellungen und Bilder über Beziehung und Familie?
  Was möchten wir gemeinsam erreichen?
  Wohin führt unser Weg?
  Was ist eine gleichwertige Beziehung?

- *Werte*
  Was ist uns in der Vision wichtig?
  Welche unterschiedlichen Werte sind zu respektieren?
  Welche Werte haben sich verändert?

- *Klare Rollen – unsere Identität*
  Wie werden die Werte in den Rollen gelebt?
  Was sind »Männer und Frauen«, »Väter und Mütter«?
  Wie schauen sie aus?

- *Regeln*
  Nach welchen inneren Überzeugungen (Beliefs) werden die Werte und Rollen gelebt?
  Was sind unsere gemeinsamen Überzeugungen?
  Was heißt Liebe, Respekt, Achtung?
  Welche Bedingungen sind daran geknüpft?
  Wie leben Männer und Frauen miteinander?

- *Verhalten, das zu den Partnern passt*
  Was will ich dir zeigen und wie?
  Wie möchten wir uns lieben und streiten?
  Auf welche Weise Rituale leben?
  Wie wollen wir uns gegenseitig einladen?

Antworten darauf zu finden ist nicht leicht, bringt aber viele gemeinsame und anregende Diskussionen und lässt viel Platz, um »anders sein« als Reichtum anzuerkennen.

Dazu haben Sie in diesem Buch viel über die alten Rollen kennen gelernt, die wir in uns haben und die wir von unseren Eltern und anderen Vorbildern übernommen haben. Außerdem haben Sie viel über das Lernen von neuen Rollen erfahren. Nun gilt es auszuprobieren, zu diskutieren und gemeinsam mit Ihrem Partner ein neues Zusammensein zu wagen. In vielen Büchern steht zu Beginn: »Wenn Sie dieses Buch gekauft haben, dann ist die Zeit für dieses Thema gekommen.« Ich sage Ihnen: »Wenn Sie mein Buch bis jetzt zu diesen letzten Seiten gelesen haben, dann wollen Sie wirklich etwas verändern und Ihrer Beziehung einen neuen Schwung geben.«

Sie wissen nun, dass dies in Achtsamkeit, mit Humor und Neugier möglich ist. Und Sie haben inzwischen sicher schon einmal bewusst erlebt, wenn Sie nicht in der richtigen Rolle am richtigen Platz waren. Sie wollen kein »Rollen-Durcheinander« mehr, sondern sehnen sich nach Klarheit und Respekt. Ist es Ihnen jetzt möglich, auf Anhieb zu notieren, welche Werte Ihnen in Ihrem Beziehungsleben wirklich wichtig sind, und ist ihr Partner darüber informiert? Wissen Sie, welche Werte Ihrem Partner, Ihrer Partnerin wichtig sind?

Sich zu lieben bedeutet, sich »liebeslang« darüber auszutauschen und sich sicher zu sein, dass nichts sicher ist. Die Werte werden wechseln und auch Ihre Rollen werden immer mal wieder andere Farben und Formen annehmen. Was aber immer gleich bleibt, ist Ihre ureigene Schwingung, Ihre Resonanz in der Partnerschaft, die einzigartig ist und bleibt. Diese Schwingung ist Ihre Identität und die Identität Ihrer Beziehung. Diese ist nicht wiederholbar und ist die Basis für alles Weitere. Ihre Gefühle wie zum Beispiel Liebe, Freude und Glück werden durch Ihr Klingen lebendig.

> **Rollen ändern sich, die eigene Schwingung bleibt stabil.**

Ihre Beziehung ist allein dadurch besonders, dass Sie nun beide darum wissen und den neuen Weg beschreiten möchten.

Der erste Schritt, sich immer wieder füreinander neu zu bekennen, führt zum Immer-wieder-neu-Entdecken, zum Immer-wieder-neu-Begehren ...

Abschließende Bemerkung

Danke all meinen Mitarbeitern im engeren Team und im Netzwerk, die durch ihre hervorragende Arbeit und ihre lebendigen Partnerschaften und Familien ein Beweis dafür sind, dass all das im Buch Beschriebene lern- und lebbar ist.

Einen besonderen Dank möchte ich an Christine Weiner geben, die das Entstehen dieses Buches erst ermöglicht hat.

Mein Dank geht an all die vielen Teilnehmer und Suchenden, die ich begleiten und schulen durfte. Sie haben mich immer wieder herausgefordert, Unmögliches möglich zu machen.

Ein besonders Dankeschön gilt meinen Kindern, Enkelkindern und meinem Mann, die meine größten Lehrmeister waren und immer wieder sind. Ich danke euch, dass ich mit euch sein kann.

Von den zahlreichen Büchern zu diesem Thema möchte ich besonders die NLP-Bücher empfehlen, aber auch die Bücher aus dem systemischen Bereich der Familienarbeit und all die vielen Bücher, die sich mit Resonanz im Miteinander beschäftigen (vgl. Literaturliste).

Wie geht es weiter?

Wenn Ihnen der Vorgeschmack zugesagt hat, nehmen Sie Kontakt auf mit »kutscheracommunication«, wo Einzelstunden und Ausbildungsseminare in Deutschland, Österreich, der Schweiz und Südtirol angeboten werden:

kutscheracommunication
Kaiserin Elisabethstr. 4
A-2344 Maria Enzersdorf

Besuchen Sie unsere Homepage www.kutscheracommunication.com oder rufen Sie in Österreich unter der Nummer +43 (0) 22 36 89 39 44 oder in Deutschland unter +49 (0) 62 21 86 21 07 an. Sie erhalten da Angebote, die Ihr Leben verändern, indem Sie Ihre Sehnsucht leben lernen ...

Literatur

Bateson, Gregory: *Ökologie des Geister. Anthropologische, psychologische, biologische und epistemologische Perspektiven,* Frankfurt am Main: Suhrkamp 1985

Castaneda, Carlos: *Das Feuer von innen,* Frankfurt am Main: S. Fischer, 13. Aufl. 2002

Csikszentmihalyi, Mihaly: *Flow: Das Geheimnis des Glücks,* Stuttgart: Klett-Cotta, 8. Aufl. 1999

Dahlke, Rüdiger: *Mandalas der Welt. Ein Meditations- und Malbuch,* München: Hugendubel, 7. Aufl. 1995

Gleick, James: *Chaos: die Ordnung des Universums. Vorstoß in Grenzbereiche der modernen Physik,* München: Droemer Knaur 1988

Grün, Anselm: *Menschen führen – Leben wecken. Anregungen aus der Regel Benedikts von Nursia,* Münsterschwarzach: Vier Türme, 3., neugest. Aufl. 2001

Kutschera, Gundl: *Tanz zwischen Bewußt-sein und Unbewußt-sein. Ein NLP Arbeits- und Trainingsbuch,* Paderborn: Junfermann 1994

Noerretranders, Tor: *Spüre die Welt. Die Wissenschaft des Bewußtseins,* Reinbek: Rowohlt-TB 1997

Satir, Virginia: *Kommunikation, Selbstwert, Kongruenz. Konzep-*

te und Perspektiven familientherapeutischer Praxis, Paderborn: Junfermann 1990

Thich Nhat Hanh: *Lächle deinem eigenen Herzen zu. Wege zu einem achtsamen Leben,* Freiburg: Herder, 9. Aufl. 2002

Vester, Frederic: *Neuland des Denkens. Vom technokratischen zum kybernetischen Zeitalter,* München: dtv 1997

Watzlawick, Paul: *Wie wirklich ist die Wirklichkeit? Wahn – Täuschung – Verstehen,* München: Piper, 28. Aufl. 2002

Weiner, Christine, Kutschera, Gundl: *Wer schön sein will, muss sich lieben. Sinnliches Selbstcoaching für Frauen,* München: Kösel, 2. Aufl. 2002

Sinnliches Selbstcoaching

Christine Weiner / Gundl Kutschera
**WER SCHÖN SEIN WILL,
MUSS SICH LIEBEN**
Sinnliches Selbstcoaching für Frauen
208 Seiten. Kartoniert
ISBN 3-466-30584-5

Welche Frau kennt das nicht: An einem Tag fühlen wir uns wohl, attraktiv und begehrenswert, am nächsten hadern wir mit unserer Figur, unseren Haaren, unseren Falten. Alle anderen Frauen sind dann schöner, schlanker, beliebter! Diesen Selbstzweifeln liegen oft frühe Verletzungen in Kindheit und Pubertät zugrunde. Die Übungen dieses Buches helfen alte Muster und Gedanken aufzulösen und verleihen der Frau in uns neuen Glanz.

Kompetent & lebendig.
PSYCHOLOGIE & LEBENSHILFE

Kösel-Verlag, München, e-mail: info@koesel.de
Besuchen Sie uns im Internet: www.koesel.de

Die Liebe kommt – die Liebe bleibt!

Steven Carter
HALT DIE LIEBE FEST!
Von der Verliebtheit zum
dauerhaften Glück
240 Seiten. Kartoniert
ISBN 3-466-34448-4

Wer sich verliebt, ist voller Begeisterung und könnte die ganze Welt umarmen. Doch was wird, wenn das erste Hochgefühl verflogen ist und nicht alles so läuft wie erträumt?
Steven Carter verrät neun grundlegende Geheimnisse der Liebe und zeigt, wie eine Beziehung lebendig und stabil bleibt und sich mehr und mehr entfalten kann. Er plädiert für ein authentisches und achtsames Miteinander und beschreibt ganz konkret, wie der Zauber der gegenseitigen Anziehung immer wieder aufs Neue erlebt werden kann.

Kompetent & lebendig.
PSYCHOLOGIE & LEBENSHILFE

Kösel-Verlag, München, e-mail: info@koesel.de
Besuchen Sie uns im Internet: www.koesel.de

Das Spiel der Gegensätze

Cheryl Benard / Edit Schlaffer
Die Physik der Liebe
Warum selbstbewusste Frauen
glücklichere Beziehungen haben
200 Seiten. Klappenbroschur
ISBN 3-466-30552-7

Liebe ist schwierig. Deswegen arbeiten viele Frauen unentwegt an ihren Beziehungen – nicht immer mit sichtbarem Erfolg. Dabei ist alles ganz einfach: Die Liebe gehorcht klaren physikalischen Gesetzen!
Frech, selbstironisch und mit überraschenden Einsichten zeigen Cheryl Benard und Edit Schlaffer, wie es um die Partnerschaft zu Beginn des 21. Jahrhunderts bestellt ist und wie Frauen es anstellen, dass der Energieaustausch zwischen den Geschlechtern endlich ins Gleichgewicht kommt.

Kompetent & lebendig.
PSYCHOLOGIE & LEBENSHILFE

Kösel-Verlag, München, e-mail: info@koesel.de
Besuchen Sie uns im Internet: www.koesel.de

Frauen in Secondhand-Beziehungen

Doris Früh
IM SCHATTEN DER ERSTEN
Partnerschaft mit einem
geschiedenen Mann
208 Seiten. Kartoniert
ISBN 3-466-30591-8

Zweit(ehe)frauen leben in besonderen Beziehungen: Ihre Männer sind oft noch stark mit der früheren Partnerin verbunden, nicht zuletzt wegen der gemeinsamen Kinder. Das »Wir-Gefühl« in einer »Secondhand-Beziehung« ist deshalb häufig schwächer ausgeprägt als in anderen Partnerschaften.
Doris Früh zeigt mit vielen Beispielen, wie betroffene Frauen ihr Selbstwertgefühl stärken und alle Familienmitglieder besser mit dieser Beziehungskonstellation umgehen können.

Kompetent & lebendig.
PSYCHOLOGIE & LEBENSHILFE

Kösel-Verlag, München, e-mail: info@koesel.de
Besuchen Sie uns im Internet: www.koesel.de